Gennadi Nesis / Nikita Kalinitschenko

ENGLISCH
– richtig gespielt

Thomas Beyer Verlags GmbH – Hollfeld

Übersetzung aus dem Russischen:
Dagobert Kohlmeyer

ISBN 3-89168-030-9

Satz: Schach-Spezialsatz Bernd Feustel, 8600 Bamberg
Druck: Beyer-Druck, Langgasse 23, Hollfeld

Inhaltsverzeichnis (mit Partienverzeichnis)

Vorwort

Englisch – dieser originelle Partieanfang – wurde in den vergangenen Jahren zu einer der beliebtesten Schacheröffnungen. Die Ursachen dafür sind in der Vielfalt ihrer strategischen Ideen sowie einer großen Flexibilität der Pläne zu suchen.

Die Englische Eröffnung ermöglicht die verschiedensten Zugfolgen und die Transformierung in eine ganze Reihe anderer Eröffnungssysteme. Einige Varianten ähneln ihren strategischen Ideen nach der Sizilianischen Verteidigung, die Weiß hier mit vertauschter Farbe spielt. Auf diese Weise erhält der Anziehende im Vergleich zu den üblichen Abspielen dieses Partieanfangs ein zusätzliches Tempo.

Beim Übergang von der Englischen Eröffnung zum Mittelspiel ergeben sich Stellungen mit reichen taktischen Chancen. All dies und besonders die Möglichkeit, seine Pläne lange Zeit nicht aufdecken zu müssen, reizte an diesem Partieanfang sowohl die stärksten Meister der Vergangenheit wie Zukertort, Nimzowitsch, Rubinstein und Réti als auch der Gegenwart wie Kasparow, Karpow, Tal, Kortschnoi, Portisch und Polugajewski.

Einen großen Beitrag zur Theorie der Englischen Eröffnung leisteten Botwinnik, Keres, Smyslow, Petrosjan, Bronstein und viele andere.
Englisch läßt die verschiedensten Bauernkonfigurationen zu, wobei Stellungen mit unterschiedlichstem strategischen Gehalt entstehen. In der riesigen Menge englischer Stellungsbilder finden Schachspieler aller Stilrichtungen garantiert diejenigen, die ihnen zusagen. Gerade deshalb sollte jeder Schachfreund Englisch in seinem Eröffnungsrepertoire haben. Das Studium dieses Partieanfangs ist für die Entwicklung der schachlichen Meisterschaft, für die Schulung des strategischen Verständnisses und taktischen Scharfblicks eines jeden Schachspielers unabdingbar.

Gennadi Nesis / Nikita Kalinitschenko

Theoretische Orientierung

In der Englischen Eröffnung tut sich die Theorie mit einer verbindlichen und allgemein anerkannten Einteilung und Namensgebung schwer. Dies liegt an der Fülle der denkbaren Zugumstellungen und Übergänge, die einhergeht mit Abgrenzungsproblemen zu nahe verwandten Eröffnungen.

Eine gewisse Orientierung für das leichtere Auffinden des gesuchten Partien- und Studienmaterials soll daher dem Partienteil vorangestellt werden.

Erster Teil · (Partien 1 – 13)

Dieser erste Teil beschäftigt sich mit der Stellung nach 1. c2–c4 e7–e5

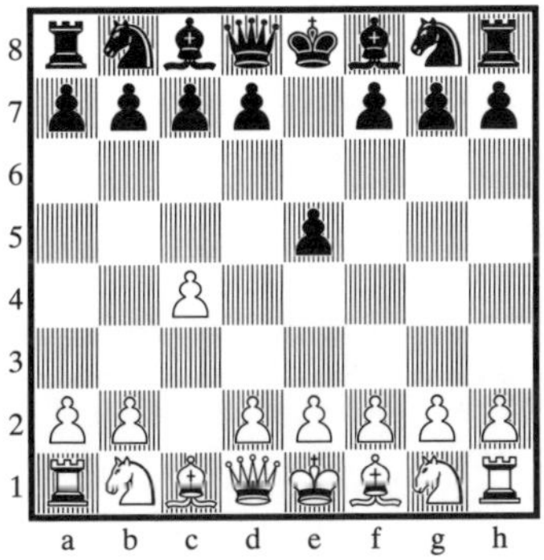

Jetzt läßt sich folgende Einteilung treffen:

1) Drachenvariante im Anzuge – 1. c4 e5 2. Sc3 Sf6 3. g3

Diese Stellung wird in den Partiebeispielen 1–4 (Botwinnik – Portisch, 1968; Portisch – Karpow, 1981; Karpow – Hjartarson, Seattle 1989 und Portisch – Timman, 1989) erläutert.

2) Vierspringer-System – 1. c4 e5 2. Sc3 Sf6 3. Sf3 Sc6

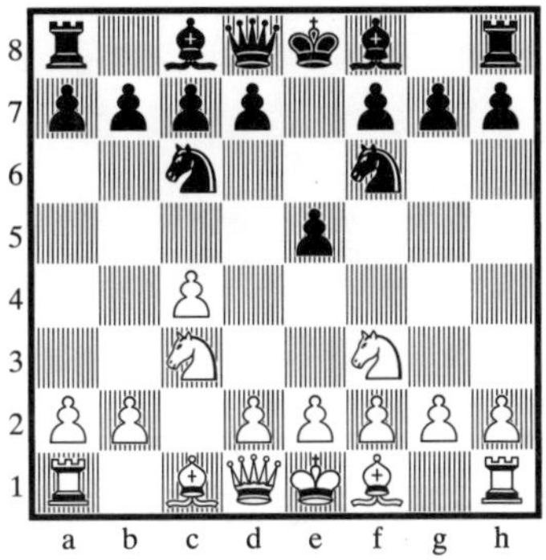

Der Untersuchung dieser ausgesprochen wichtigen Stellung, die in der Praxis eine außerordentliche Rolle spielt, dienen die Beispielpartien 5 – 10 (Petrosjan – Gheorghiu, 1967; Tal – Gligorić, 1962; Adorjan – Glatt, 1982; Kasparow – Iwantschuk, 1988; Kasparow – Karpow, 2. und 4. Matchpartie 1987).

3) Seltene Fortsetzungen für Schwarz

Seltene Fortsetzungen für Schwarz sind in den Partien 11–13 (Tal – Plaskett, 1984; Hübner – Kasparow, 1985; Hawelko – Luki 1981) anzutreffen und stehen dort zur Debatte.

Zweiter Teil · (Partien 14–32)

Dieser Teil der Partiebeispiele nimmt von der Stellung nach 1. c2–c4 c7–c5 seinen Ausgang.

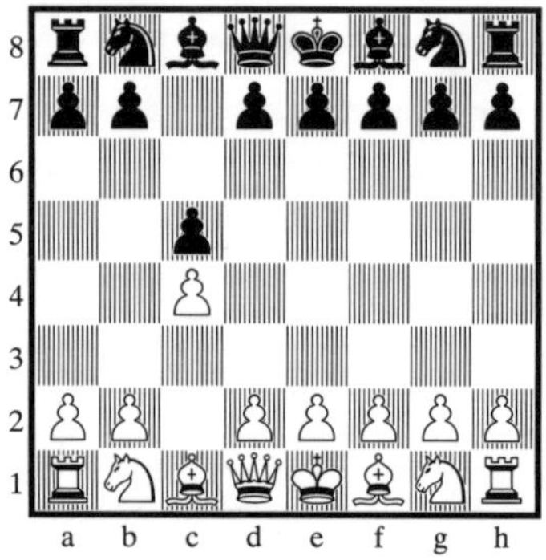

Jetzt gliedert sich das Partienmaterial in vielfältiger Weise auf:

1) Igelsystem

Dieses außerordentlich populäre und dynamische System trifft man in der modernen Turnierpraxis häufig an, wobei das Igelsystem natürlich durchaus nicht nur als eine Waffe gegen Englisch verwendet werden kann. Sie begegnen dem Igelsystem in seinen verschiedenartigen Formen in den Partien 14–20, wobei es sich durchweg um Begegnungen zwischen Großmeistern der zeitgenössischen Weltelite handelt: Petrosjan – Psachis, 1982; Kasparow – Salow, 1989; Kasparow – Ribli, 1989; Suba – Kindermann, 1985, Larsen – Gheorghiu, 1976, Andersson – Sokolow, 1987; Kortschnoi – Adorjan, 1986.

Interesanterweise gibt es mittlerweile auch ein Spezialwerk eher humoristischen Genres zu diesem Themengebiet: »Schach für Igel«, von Magnus Georg Grabitz im Walter Rau Verlag · Edition Mädler.

2) Modernes System – 1. c4 c5 2. Sc3 Sf6 3. Sf3 d5 4. cd Sd5:

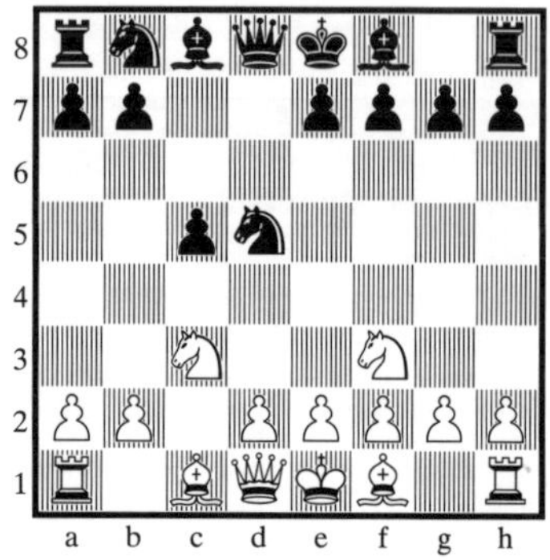

Hierzu finden Sie die entsprechenden Erläuterungen in den Partien 21–24 Psachis – Waganjan, 1984; Polugajewski – Tal, 1979; Seirawan – Kuligowski, 1983; Kasparow – Kortschnoi, 1989.

3) Rubinstein-System – 1. c4 c5 2. Sc3 Sf6 3. g3 d5 4. cd Sd5: 5. Lg2 Sc7

Die Untersuchung dieser Stellung erfolgt anhand der Partiebeispiele 25–26: Smyslow – Hübner, 1983; K. Georgiew – Chandler, 1985.

4) Doppelfianchetto

Mit dem Doppelfianchetto setzen sich die Spieler in den Partien 27–29 auseinander: Kortschnoi – Seirawan, 1987; Polugajewski – Smyslow, 1976; Karpow – Kasparow, 1984.

5) Symmetrische Variante

Anmerkungen zu den Besonderheiten der Symmetrischen Variante liefern die Partien 30–31: Asmaiparaschwili – Jurtajew, 1982 und Andersson – Miles, 1981.

6) Anti-Benoni –
1. c4 c5 2. Sf3 Sf6 3. d4 cd 4. Sd4:
In der Partie 32 (Michailtschischin – Garcia) steht diese Spielweise zur Diskussion.

Dritter Teil · (Partien 33–37)

Der dritte Teil der Partiebeispiele beschäftigt sich mit der Ausgangsstellung nach 1. c2–c4 Sg8–f6.

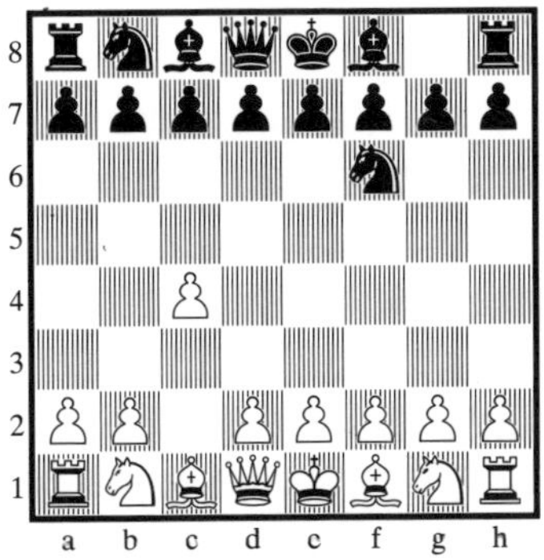

Jetzt kann man das Partienmaterial erneut in vielfältiger Weise gliedern. Die Autoren halten sich an folgende Einteilung:

1) Anti-Grünfeld –
1. c4 Sf6 2. Sc3 d5 3. cd Sd5:

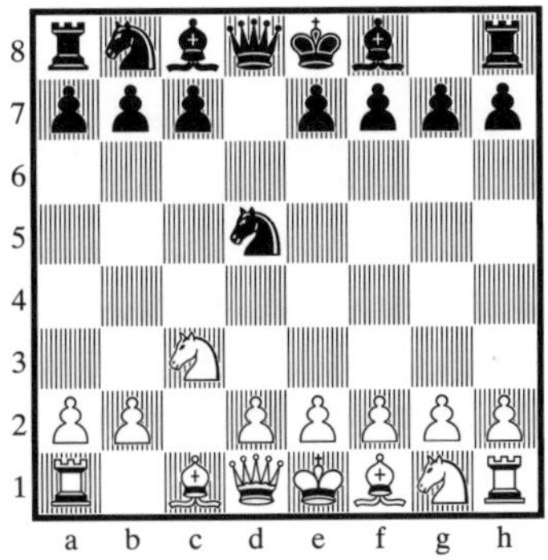

Hierzu geben die Kommentare zu den Partien 33 und 34 (Romanischin – Grigorjan, 1976 bzw. Tal – Dontschew, 1986) Auskunft.

2) Anti-Nimzowitsch
Dazu äußern sich die Autoren anhand der Partie 35 (Smyslow – Sunye, 1982).

3) Anti-Königsindisch
Das dafür gewählte Partiebeispiel 36 lautet: Speelman – Martin, 1982.

4) Romanischin-System
Hierzu nimmt die Partie 37 (Polugajewski – Seirawan, 1984) Stellung.

Partien

Partie Nr. 1
Botwinnik – Portisch
Monte-Carlo 1968

1. c2–c4 e7–e5
2. Sb1–c3 Sg8–f6
3. g2–g3 d7–d5
4. c4×d5 Sf6×d5
5. Lf1–g2

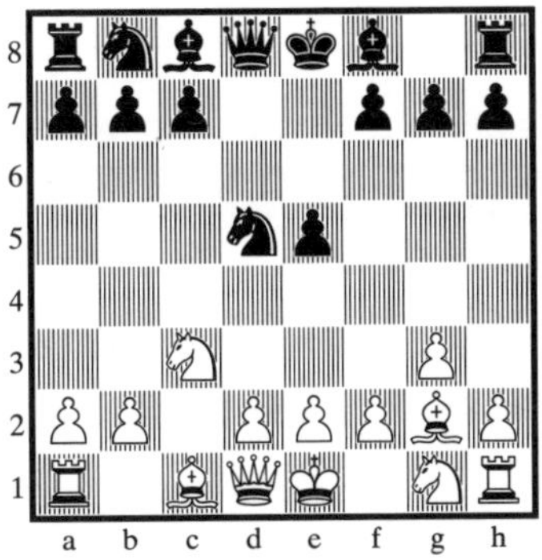

Die entstandene Stellung ist charakteristisch für die Drachenvariante in der Sizilianischen Verteidigung mit vertauschter Farbe und einem zusätzlichen Tempo von Weiß.

5. ... Lc8–e6

Heute zieht Schwarz häufig 5. ... Sb6 und läßt damit seinem weißfeldrigen Läufer mehrere Möglichkeiten offen. Außer auf das Feld e6 kann der Läufer auch nach g4 entwickelt werden.

6. Sg1–f3 Sb8–c6
7. 0–0 Sd5–b6

An dieser Stelle aber ist der Rückzug des Springers nach b6 Pflicht. Auf 7. ... Le7 folgt 8. d4! ed (auch im Falle von 8. ... Sc3: 9. bc e4 10. Sd2 steht Schwarz schlechter) 9. Sd4: Sc3: 10. bc Sd4: 11. cd mit klarer Überlegenheit von Weiß im Zentrum.

8. d2–d3

Hier wird auch 8. a3 gespielt. Oft führt dies zur Zugumstellung. In der Partie Kasparow – Salow (Meisterschaft der UdSSR, Moskau 1988) setzte Schwarz mit 8. ... 0–0 (zuvor hatte Schwarz 7. ... Le7 gezogen, d.h. anstelle von Lc8–e6 war der Zug Lf8–e7 ausgeführt) 9. d3 Le6 fort (Aufmerksamkeit verdienen auch 9. ... Lg4 oder 9. ... Te8), und nach 10. b4 Sd4 11. Lb2 Sf3:+ 12. Lf3: c6 stand das Spiel etwa gleich.
Interessant ist auch 8. d4 ed 9. Sb5 mit zweischneidigem Spiel.

8. ... Lf8–e7
9. a2–a3 a7–a5?!

Besser war es, die Entwicklung mittels 9. ... 0–0 abzuschließen.

10. Lc1–e3 0–0
11. Sc3–a4

Weiß beabsichtigt, im weiteren Spielverlauf die c-Linie und den Punkt c5 zu nutzen.

11. ... Sb6×a4

In der Partie Gheorghiu – Mariotti (1976) setzte Schwarz hier mit 11. ... Sd5 12. Lc5 b6 fort, und nach 13. Le7: Sde7: 14. b4 ab 15. ab Dd6 hatte Weiß die etwas besseren Chancen.

12. Dd1×a4 Le6–d5
13. Tf1–c1 Tf8–e8
14. Tc1–c2 Le7–f8

Unbedingt notwendig war es, den Punkt c7 durch 14. ... Ld6 15. Db5 Se7 unter Kontrolle zu nehmen.

15. Ta1–c1 Sc6–b8

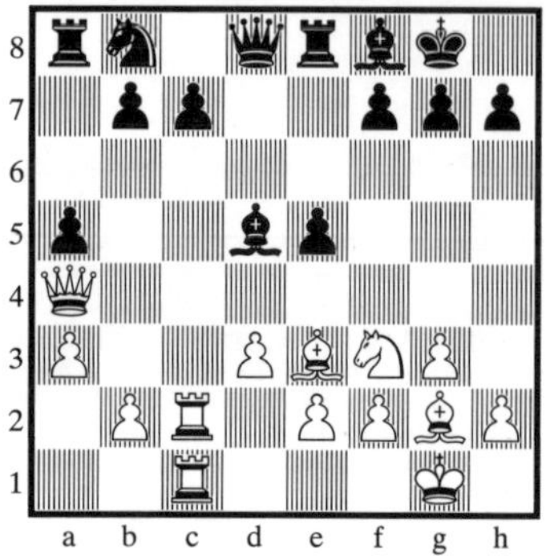

Schwarz bietet ein Bauernopfer an, denn er rechnet damit, den weißen Turm, der sich nach c7 „verirren" wird, zu gewinnen. Aber auf ihn wartet eine Enttäuschung.

16.	**Tc2×c7!**	**Ld5–c6**
17.	**Tc1×c6!**	**b7×c6**
18.	**Tc7×f7!!**	

Mit dem Opfer des einen Turms für den Läufer hat Weiß die weißen Felder im schwarzen Lager geschwächt, und das glänzende Opfer des zweiten Turms unterstreicht diese Schwäche noch. Schwarz kann aber das zweite „Angebot" nicht annehmen: 18. ... Kf7: 19. Dc4+ Kg6 20. Dg4+ Kf7 21. Sg5+ und Schwarz verliert seine Dame oder wird mattgesetzt.

18.	**...**	**h7–h6**
19.	**Tf7–b7**	**Dd8–c8**
20.	**Da4–c4+**	**Kg8–h8**

Verlieren würde ebenfalls 20. ... De6 wegen 21. Se5:.

21. Sf3–h4!

Erneut ist der weiße Turm angegriffen.

21.	**...**	**Dc8×b7**
22.	**Sh4–g6+**	**Kh8–h7**
23.	**Lg2–e4**	**Lf8–d6**

Es drohte 24. Se7+ und 25. Dg8 matt.

24.	**Sg6×e5+**	**g7–g6**
25.	**Le4×g6+**	**Kh7–g7**
26.	**Le3×h6+!**	

Das krönende Opfer der Partie.

Auf 26. ... Kh6: würde 27. Dh4+ Kg7 28. Dh7+ Kf6 29. Sg4+ Ke6 30. Db7: folgen.

Schwarz gab auf.

Partie Nr. 2
Portisch – Karpow
Linares 1981

1.	**c2–c4**	**e7–e5**
2.	**Sb1–c3**	**Sg8–f6**
3.	**g2–g3**	**d7–d5**
4.	**c4×d5**	**Sf6×d5**
5.	**Lf1–g2**	**Sd5–b6**
6.	**Sg1–f3**	**Sb8–c6**
7.	**d2–d3**	**Lf8–e7**
8.	**a2–a3**	**Lc8–e6**

Beide Partner warten noch mit der Rochade. Karpow verfolgt in dieser Partie einen originellen Plan, die weißfeldrigen Läufer zu tauschen.

9.	**b2–b4**	**a7–a6**
10.	**Lc1–b2**	

Aufmerksamkeit verdiente 10. 0–0, wonach sich Weiß zwei Möglichkeiten offenhielt, seinen Läufer zu entwickeln: nach b2 und nach e3.

10.	**...**	**Dd8–d7**
11.	**Sc3–e4**	**f7–f6**
12.	**Dd1–c2**	

Zu beachten war hier 12. Tc1.

12.	**...**	**Le6–h3**
13.	**0–0**	**Lh3×g2**
14.	**Kg1×g2**	**g7–g5**

Diesen Plan verfolgt Karpow häufig mit Weiß in der Drachenvariante der Sizilianischen Verteidigung. Es droht 15. ... g4 nebst f5. Auf den Flügelangriff antwortet Weiß mit einem Gegenschlag im Zentrum, der mit einem Bauernopfer verbunden ist. Es erweist sich jedoch als erfolglos.

15. d3–d4 g5–g4

Besser war 15. Sc5 Lc5: 16. Dc5: (16. bc Sd5 17. e4? Sf4 ist vorteilhaft für

Schwarz) Sa4 17. Dc2 Sb2: 18. Db2: mit ungefährem Gleichgewicht.

16. Sf3–h4 e5×d4
17. Sh4–f5 0–0–0
18. Tf1–d1

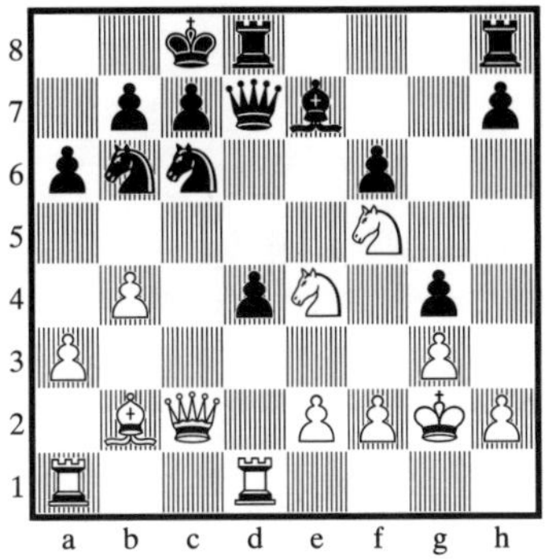

Es sieht so aus, als gewinnt Weiß seinen Bauern zurück und erhält Angriff, doch Karpow hat weiter gerechnet ...

18. ... Sb6–c4!!

Auf 19. Sd4: gewinnt 19. ... Sb2: und auf 19. Ld4: Df5:.

19. Sf5×e7+ Dd7×e7
20. Se4–c5 Sc4×b2
21. Dc2×b2 h7–h5

Schwarz hat einen Bauern gewonnen, aber Weiß besitzt noch Chancen zum Königsangriff.

22. Ta1–c1 Td8–d5!
23. Db2–c2

Im Falle von 23. b5 Tc5: 24. bc Tc6: 25. Tc6: De4+ erhält Schwarz entscheidendes Übergewicht, desgleichen nach 23. Sa6: h4 24. b5 hg 25. bc De4+.

23. ... De7–d6
24. Sc5–d3

Wenn 24. Sa6:, so folgt 24. ... h4, und Schwarz kommt dem Gegner im Angriff zuvor.

24. ... h5–h4
25. Sd3–f4 f6–f5
26. Sf4×d5?

Unabdingbar war hier 26. Dc4 nebst 27. e3. Nach der Annahme des Qualitätsopfers wird der schwarze Angriff sehr stark.

26. ... Dd6×d5+
27. f2–f3

Auf 28. Kg1 folgt 28. ... hg 29. fg f4.

27. ... Kc8–b8

Schwarz will den Springer in seinen Angriff mit einbeziehen.

28. Dc2–d3 Dd5–e6

Karpow schafft die Drohung 30. ... Dh6.

29. f3×g4?

Es lohnte nicht, die Diagonale zu öffnen. Sicherer war 29. Tf1.

29. ... f5×g4
30. Td1–f1 h4×g3
31. h2×g3 De6–d5+
32. e2–e4

Der einzige Zug. Im Falle von 32. Kf2 Th2+ 33. Ke1 Se5 gewinnt Schwarz mit dem nachfolgenden Bauernvorstoß d4–d3.

32. ... Dd5–e6
33. Tc1–e1

Auch die Rückgabe der Qualität ist nutzlos: 33. Tc6: Dc6: 34. Dd4: Dh6, und der schwarze Angriff geht weiter.

33. ... De6–d6
34. Tf1–h1

Stärker war Td1, um den Springer nicht an der Attacke teilnehmen zu lassen.

34. ... Th8–d8
35. Dd3–c4 d4–d3

Der Durchbruch dieses Bauern lähmt schließlich die Verteidigung von Weiß.

36. Dc4–c5 d3–d2
37. Te1–d1

Verlieren würde 37. Dd6: deS+.

37. ... Dd6–d3

Weiß gab auf, denn auf 38. Df5 entscheidet 38. ... De2+ 39. Kg1 Sd4.

Partie Nr. 3
Karpow – Hjartarson
Seattle 1989

1. c2–c4 e7–e5
2. Sb1–c3 Sg8–f6
3. g2–g3 d7–d5
4. c4×d5 Sf6×d5
5. Lf1–g2

Weiß spielt die Drachenvariante im Anzuge. Doch im Unterschied zur Sizilianischen Verteidigung hat er ein zusätzliches Tempo, was ihm gestattet, Druck auf die zentralen Felder auszuüben. Schwarz muß seinerseits das Problem des Springers auf d5 lösen.

Nach 5. ... c6 lohnt es sich für Weiß nicht, einen Bauern zu gewinnen: 6. Sd5: cd 7. Db3 Le6! 8. Db7: Sd7 9. Ld5: Tb8 10. Dc6. Wenn Schwarz es wünscht, kann er das Remis forcieren.

Nach 9. Db3 Tb8 10. Dd1 Lc5 ist Schwarz für den Bauern ausgezeichnet entwickelt. Besser für Weiß wäre es 6. Sf3 f6 7. 0–0 Le6 8. d4! zu ziehen.

Auf 5. ... Le6? muß er einfach 6. Sf3 spielen und steht nach 6. ... Sc6 7. 0–0 Le7 8. d4! ed 9. Sd4: Sd4: 10. Dd4: Lf6 11. Da4 c6 12. Sd5: Ld5: 13. Td1 überlegen.

Aus diesen Gründen muß Schwarz seinen Springer aus dem Zentrum zurückziehen, wie es in der Partie geschieht. Nach dem Tausch auf c3 (5. ... Sc3: 6. bc) ist die weiße Stellung vorzuziehen. Der Anziehende verfügt über ein starkes Zentrum und die b-Linie.

5. ... Sd5–b6
6. Sg1–f3 Sb8–c6
7. 0–0 Lf8–e7
8. a2–a3 Lc8–e6
9. b2–b4 0–0
10. Ta1–b1

Damit schließt Weiß die Möglichkeit von Schwarz aus, mit dem Springer nach d4 zu gehen (10. ... Sd4).

10. ... f7–f6
11. d2–d3 Dd8–d7?!

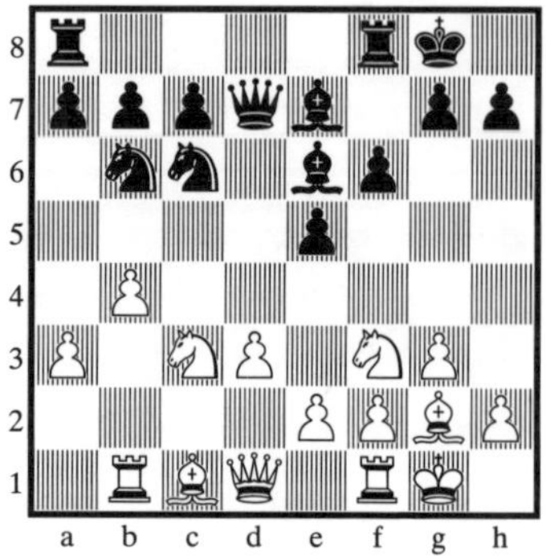

Aufmerksamkeit verdiente die unverzügliche Besetzung des zentralen Brückenkopfs mit dem Springer: 11. ... Sd4.

12. Sc3–e4!

Nach dem zurückhaltenden 12. Ld2 hatte Schwarz in der Partie Lobron – Agdestein (Lyon 1988) mittels 12. ... a5 13. Se4 ab 14. ab Sa4 die Eröffnungsprobleme gelöst.

12. ... Sb6–d5
13. Dd1–c2 b7–b6?!

Verhindert zwar das Manöver Se4–c5, schafft aber dafür neue Schwächen im schwarzen Lager.

14. Lc1–b2 Ta8–c8
15. Tb1–c1 Sc6–d4

Darauf spekulierte Hjartarson wohl, als er seinen „unschönen" 13. Zug ausführte. Aber sein Plan stößt auf eine elegante Widerlegung.

16. Lb2×d4! e5×d4
17. Dc2–c6!

Nach 17. Sd4:?! Sb4: würde Schwarz Gegenspiel erhalten.

17. ... Dd7×c6

Eine erzwungene Entscheidung.

18. Tc1×c6 Le6–d7

Es sieht jetzt so aus, als hätte Schwarz seine Probleme gelöst: Auf 19. Tc2 folgt 19. ... c5 mit zweischneidigem Spiel.

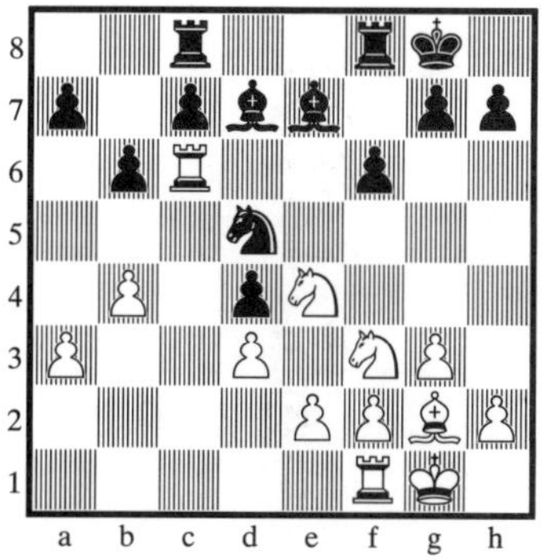

19. Sf3×d4!!

Das von Karpow weit vorhergesehene Qualitätsopfer sichert den Sieg in der Eröffnungsschlacht.

19. ... Ld7×c6
20. Sd4×c6 Tc8–e8
21. Tf1–c1!

Der Turmzug unterstreicht die Disharmonie der gegnerischen Streitkräfte. Es droht 22. Sd2 mit Eroberung des schwarzen Springers.

21. ... f6–f5
22. Se4–d2 Sd5–f6
23. Sc6×a7

Weiß besitzt schon zwei Bauern für die Qualität, und seine Kavallerie überrennt nun den feindlichen Damenflügel.

23. ... Le7–d6
24. e2–e3 c7–c5
25. Sd2–c4 Ld6–b8
26. Sa7–c6 b6–b5
27. Sc4–a5 c5×b4
28. a3×b4 Sf6–d7
29. d3–d4

Mit der Idee 30. Lf1 gespielt. Schwarz hat die Schwäche auf b5 und Schwierigkeiten, seine Streitkräfte zu koordinieren.

29. ... g7–g5!

Die einzige Möglichkeit eines Gegenspiels.

30. Sc6×b8 Te8×b8
31. Tc1–c7 Sd7–f6
32. Sa5–c6 Tb8–b6
33. Sc6–e7+ Kg8–h8
34. Se7×f5 Tb6–a6

Nachdem der Turm seine schwierige Pirouette vollendet hat, kann er sich wieder vom Kriegsschauplatz losreißen.

35. Tc7–c1 Ta6–a2?!

Mehr Probleme für Weiß hätte 35. ... Ta4 bereitet.

36. h2–h3 Ta2–b2
37. e3–e4

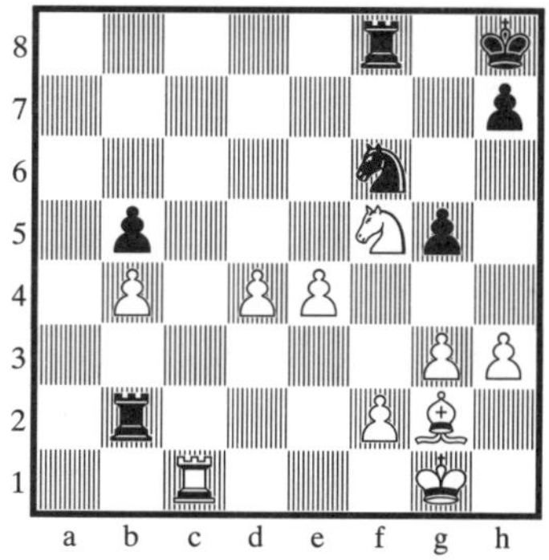

Der Bauer b4 spielt keine Rolle und kann geopfert werden, denn den Ausgang des Kampfes entscheiden die zentralen Freibauern.

37. ... Tb2×b4
38. g3–g4 h7–h5
39. e4–e5 h5×g4
40. e5×f6 g4×h3
41. Lg2×h3 Tf8×f6
42. Tc1–c8+ Kh8–h7
43. Tc8–c7+ Kh7–g6
44. Tc7–g7+ Kg6–h5
45. f2–f3

Schwarz gab auf.

Partie Nr. 4
Portisch – Timman
Antwerpen 1989

1. c2–c4 e7–e5
2. Sb1–c3 Sg8–f6
3. g2–g3 d7–d5

4. c4×d5 Sf6×d5
5. Lf1–g2 Sd5–b6
6. Sg1–f3 Sb8–c6
7. 0–0 Lf8–e7
8. a2–a3 0–0
9. b2–b4 Lc8–e6
10. Ta1–b1

Portisch behandelt diese bekannte Variante auf interessante Weise, indem er zunächst auf d2–d3 verzichtet. Weiß muß nach 10. d3 mit dem zweischneidigen 10. ... Sd4 rechnen. Ausführlicher über diese Eröffnungsvariante wurde in der Partie Karpow – Hjartarson gesprochen.

10. ... f7–f6
11. Sc3–e4!? Le6–a2
12. Tb1–b2 La2–d5
13. Se4–c5 Ta8–b8

Wenn sich Schwarz hier zu 13. ... e4? entschließt, kann er nur schwerlich auf ein gleichwertiges Gegenspiel rechnen.

14. e2–e4 Ld5–f7
15. d2–d3 Sb6–d7
16. Sc5–b3!

Nun zeigt es sich, daß es für Schwarz nicht leicht ist, sein Spiel zu finden. Der Springer auf b3 steht sehr günstig, da er den Punkt a5 kontrolliert und mögliche Aktivitäten im Zentrum unterstützt.

16. ... a7–a5
17. b4–b5 Sc6–a7
18. a3–a4 Le7–a3
19. Tb2–b1 La3×c1
20. Tb1×c1 c7–c6
21. b5×c6 b7×c6

Schwarz verzichtet auf das naheliegende 21. ... Sc6:, weil er sich wahrscheinlich nach 22. d4 ed 23. Sfd4: Sd4: 24. Sd4: nicht mit einer passiven Lage abfinden möchte. Doch vorgreifend kann gesagt werden, daß der Springer auf a7 (nach Tarrasch „eine Schande") dort bis zum Ende stehen bleibt und im Finale unrühmlich zugrunde geht.

22. Sf3–d2 Tb8–b4
23. Lg2–h3!

Der Läufer kommt ins Spiel und schützt indirekt den Bauern a4 (23. ... Ta4:? 24. Ld7: Dd7: 25. Sc5).

23. ... Sd7–b6
24. Sb3–c5 Dd8–e7
25. Dd1–c2

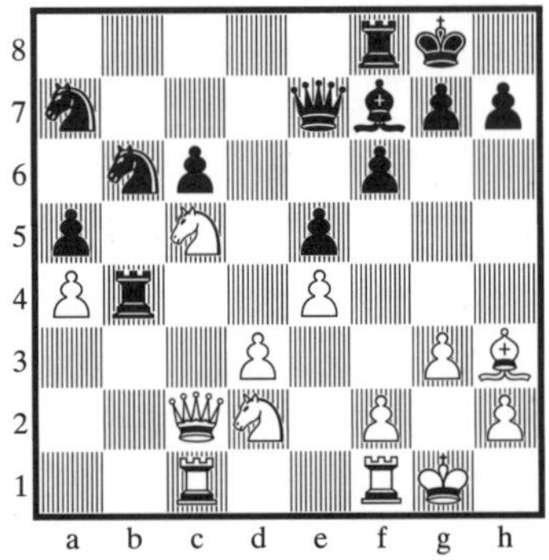

Aus dem Spiel auf der b-Linie wurde nichts. Der holländische Großmeister will sich aber nicht passiv verteidigen, was in der gegebenen Situation der beste Ausweg wäre (25. ... Td8 oder 25. ... Sac8). Dagegen sucht er Verwicklungen, die Weiß jedoch die Aufgabe nur erleichtern.

25. ... Sb6–c4?
26. Sd2–b3 Sc4–a3
27. Dc2–c3!

Es ist nicht auszuschließen, daß Schwarz hier mit folgender Variante rechnete: 27. Da2?! Tfb8 28. Tc3 S3b5! 29. ab a4 30. Sa4: T8b5: 31. Sac5 Tc5:! 32. Tc5: Dc5: 33. Sc5: La2: 34. Ta1 Tb1 und Remis.

27. ... Tf8–b8
28. Sb3–d2! Tb4–b2
29. Dc3×a3 Tb2×d2

Schwarz konnte zwar das materielle Gleichgewicht, nicht aber die Stellung halten. Seine Figuren wirken nicht zusammen, was für ein Remis nötig wäre.

30. Tc1–b1! De7–d6

31. Da3–c3 Td2–a2
32. Dc3×a5

Das Schicksal der Partie ist offensichtlich entschieden. Weiß hat bei günstigerer Stellung einen Bauern gewonnen.

32. ... Sa7–b5

Der letzte verzweifelte Versuch, den toten Springer zu beleben.

33. Da5–b4! Ta2–c2
34. Sc5–a6! c6–c5
35. Db4–a5

Schwarz gab auf.

Partie Nr. 5
Petrosjan – Gheorghiu
Moskau 1967

1. c2–c4 e7–e5
2. Sb1–c3 Sb8–c6
3. Sg1–f3 Sg8–f6
4. g2–g3 Lf8–b4
5. Lf1–g2 0–0
6. 0–0 Tf8–e8

Viel gebräuchlicher ist hier 6. ... e4 (siehe Partie Kasparow – Iwantschuk). Die interessante Fortsetzung 6. ... d6 von A. Miles verheißt Schwarz ein zwar etwas beengtes Spiel, aber eine feste Stellung. Zum Beispiel: 7. d3 Lc3: 8. bc e4 9. Sg5 ed 10. ed Lg4! 11. f3 Ld7 12. f4 Tb8 13. Se4 Se4: 14. Le4: Df6 15. f5 Tfe8 16. Tb1 Sa5 mit ungefährem Ausgleich (Bartels – Miles, London 1984).
Gefährlich für Weiß wäre es, auf 6. ... d6 mit scharfem Spiel im Zentrum zu antworten: 7. Sd5 Lc5 8. d4? Sd4: 9. Lg5 c6 10. Sf6:+ gf 11. Lh6 Sf3:+ 12. ef Te8 13. f4 Dd7, und Schwarz hatte die besseren Chancen (Adorjan – Miles, Linares 1985).

7. d2–d3

In dieser Situation verspricht die Standardfortsetzung 7. Sd5! mehr, die einen möglichen Abtausch verhindert: 7. ... Lc3:. Zum Beispiel könnte geschehen: 7. Sd5 Sd5: 8. cd Sd4 9. Se1! d6 10. e3 Sf5 11. Sc2 Lc5 12. b4 Lb6 13. Lb2 Ld7 14. a4 a6 15. d4, und der weiße Vorteil ist offenbar (Smyslow – Lein, Moskau 1973).

7. ... h7–h6

Ein unglücklicher Zug. Im Sinne der Stellung richtig war 7. ... Lc3: 8. bc d6.

8. Sc3–d5 Lb4–f8

Die strategischen Konturen der Partie sind bereits sichtbar. Weiß ist am Damenflügel aktiv, Schwarz muß versuchen, am Königsflügel Initiative zu entwickeln. Doch seine Figuren sind für einen Angriff ungünstig postiert.

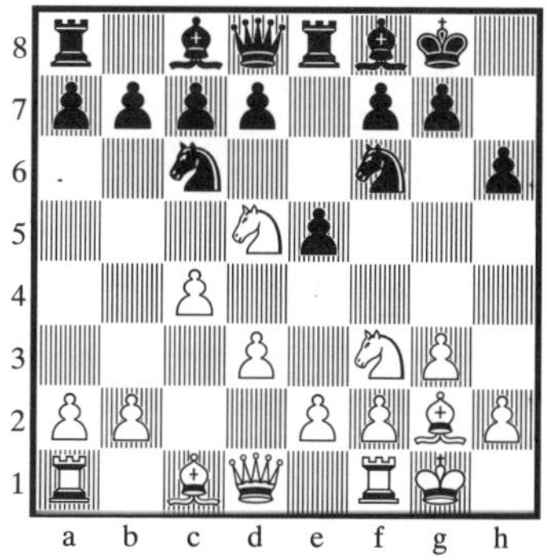

9. Sd5×f6+!

Schablonenhaft wäre 9. Tb1. Petrosjan tauscht einen Springer, da er einen konkreten Plan verfolgt. Er bringt seine „gute" Leichtfigur ins Spiel, als die sich der aktive weiße Springer im Gegensatz zum passiven schwarzfeldrigen Läufer des Gegners erweist.

9. ... Dd8×f6
10. Sf3–d2 d7–d6
11. Sd2–e4 Df6–d8
12. Se4–c3 Lc8–d7
13. b2–b4!

Weiß greift am Damenflügel an. Nach 13. ... Sb4: 14. Tb1 Sc6 15. Tb7: steht der Anziehende besser.

13. ... Dd8–c8

14. Ta1–b1 Ld7–h3

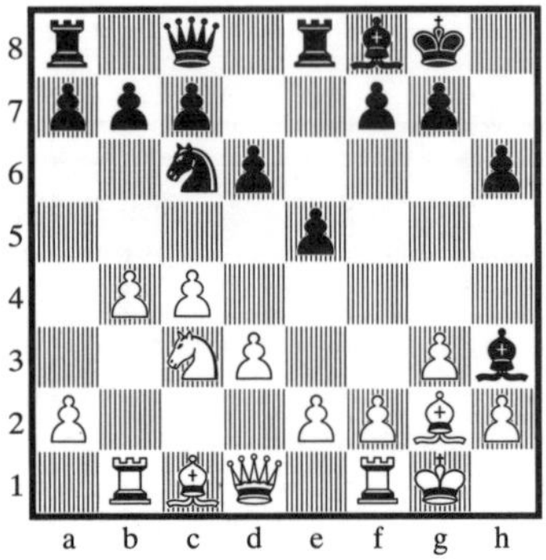

15. e2–e4!

Ein feines positionelles Manöver, das für meine Begriffe wertvoller ist als manche effektvolle Kombination. Kontinuierlich verfolgt Weiß den Plan, den schwarzfeldrigen Läufer des Gegners strategisch kaltzustellen. Die Schwächung des Feldes d4 hat hier keine Bedeutung, da Weiß ja seinen schwarzfeldrigen Läufer noch besitzt.

15. ... Lh3×g2?

Listiger war 15. ... Le6!, um dem Gegner die Verwirklichung seines Planes zu erschweren.

16. Kg1×g2 g7–g6
17. h2–h4! Lf8–g7

Entschieden stärker wäre 17. ... h5 gewesen.

18. h4–h5! g6–g5
19. Sc3–d5 Sc6–d4
20. Sd5–e3 f7–f5

Dieser Zug ist bereits erzwungen. Es drohte 21. Lb2, und nach dem Tausch des feindlichen Springers würde Weiß das Feld f5 erobern.

21. Lc1–b2 f5×e4
22. d3×e4 Dc8–e6
23. Lb2–c3 b7–b5

Die Partie von Schwarz ist strategisch verloren. Darum entschließt sich Gheorghiu, taktische Verwicklungen zu suchen, obwohl diese auch für Weiß günstig sind.

24. c4×b5 De6×a2

Oder 24. ... Sb5: 25. Dd3 Sc3: 26. Dc3: Da2: 27. Dc7:.

25. Dd1–d3 Da2–e2

Es gibt nichts Besseres, denn es drohte 26. Ld4: und 27. Sd5.

26. Dd3×e2 Sd4×e2
27. Se3–d5 Ta8–b8
28. Tf1–e1 Se2–d4
29. Lc3×d4 e5×d4
30. Tb1–c1! Tb8–b7
31. Sd5×c7 Te8–e5
32. Tc1–c6 g5–g4
33. Sc7–d5 Tb7×b5
34. Tc6×d6 Tb5–b7

Auf 34. ... Th5: ist 35. Td7! mit der Drohung 36. Tc1 sehr stark.

35. Td6–g6 Kg8–h7
36. Tg6×g4 Tb7–d7

Beschleunigt die Niederlage. Doch auch nach 36. ... Th5: 37. f4 ist es schlecht um Schwarz bestellt.

37. Te1–h1 Te5–e6
38. Th1–d1 Te6–c6
39. Td1–d2 Lg7–e5
40. f2–f4 Le5–h8
41. f4–f5

Schwarz gab auf.

Partie Nr. 6
Tal – Gligorić
Jerewan 1962

1. c2–c4 e7–e5
2. Sb1–c3 Sg8–f6
3. Sg1–f3 Sb8–c6
4. g2–g3

Es ist eine für die Englische Eröffnung klassische Stellung entstanden, die häufig Vierspringer-System genannt wird. Außer dem Textzug werden folgende Fortsetzungen – 4. d4, 4. d3, 4. e3 – angewendet, wobei die ersten zwei Züge in jüngster Zeit wenig beliebt sind.

Auf 4. e3 wird 4. ... Lb4 gespielt (im Falle von 4. ... d5 ergibt sich Sizilianisch im Anzuge, was für Weiß von Vorteil ist) und weiter 5. Dc2 (Beliebt ist auch 5. Sd5 e4 6. Sg1 0–0 7. a3 Ld6, und hier wird 8. Se2 als am aussichtsreichsten bewertet. In der Partie Miles – Kindermann, Biel 1983, folgte weiter 8. ... Le5 [Aufmerksamkeit verdient 8. ... Te8] 9. Sg3 Te8 10. Dc2 Lg3: 11. hg d6 12. Th4 Sd5: 13. cd Se5 14. d3! f5 15. Ld2 Sg6 16. Th5 mit leichter weißer Überlegenheit) 5. ... 0–0 6. Sd5 (im Falle von 6. a3 oder 6. d3 löst Schwarz zufriedenstellend seine Eröffnungsprobleme) 6. ... Te8 7. Df5! d6 8. Sf6: gf 9. Dh5. Wir haben damit eine scharfe Stellung vor uns, die von englischen Schachmeistern gut analysiert wurde. Das Ergebnis spricht für Weiß, aber nur die Praxis kann die endgültige Diagnose stellen.

4. ... Lf8–b4

Die beliebteste Erwiderung. Seltener werden 4. ... Lc5 oder 4. ... Sd4 gezogen, doch auch diese Fortsetzungen führen zu einem interessanten Kampf mit etwa gleichen Chancen.

5. Sc3–d5 a7–a5

5. Lg2 siehe Partie Kasparow – Iwantschuk.

6. Lf1–g2 d7–d6
7. 0–0 0–0
8. e2–e3

Die einzige Methode, um Initiative zu erhalten. Nach 8. a4?! Sd5: 9. cd Sd4 10. Sd4: ed ist die schwarze Stellung angenehmer. Zum Ausgleich führt 8. d3 Sd5: 9. cd Sd4.

8. ... Lb4–c5
9. b2–b3

Energischer ist 9. d4 La7 (schlecht wäre 9. ... ed 10. ed La7 wegen 11. Lg5) 10. de de 11. b3. So ging mit Zugumstellung (der schwarze Bauer stand auf a6 anstatt auf a5) die Partie Polugajewski – Balaschow (Moskau 1983) weiter, in der Weiß durch ein Bauernopfer später starke Initiative bekam.

9. ... Sf6×d5

Besser war 9. ... La7!, wonach Weiß gezwungen ist, mit dem Springer zurückzugehen – 10. Sc3.

10. c4×d5 Sc6–b4?!

Sicherer ist 10. ... Sa7!? 11. d4 ed 12. Sd4: Lf5 13. Lb2 Te8.

11. d2–d4 e5×d4
12. Sf3×d4 Lc5×d4
13. e3×d4

Nach dieser Vereinfachung der Stellung erhielt Weiß unzweifelhaft Übergewicht, was mit der schlechten Postierung des schwarzen Springers auf b4 zusammenhängt. Zum Beispiel könnte folgen: 13. ... Lf5 14. a3, und Weiß steht besser, desgleichen nach 13. ... a4 14. La3 oder nach 13. ... c6 14. dc bc 15. a3 Sd5.

13. ... Tf8–e8!
14. a2–a3 Sb4–a6
15. Lc1–d2!

Ein Fehler wäre 15. b4 ab 16. ab Ld7 17. Db3 Lb5! nebst Dd7.

15. ... b7–b6

Überlegen steht Weiß auch nach 15. ... Sb8 16. Tac1.

16. b3–b4 Sa6–b8

Im Falle von 16. ... ab 17. ab Ld7 18. Te1 Lb5 19. Lf1! Dd7 20. Te8:+ De8: 21. Lf5: Db5: 22. Df1! Df1: 23. Kf1: b5 ist 24. Ta5 der einzige Zug, und Weiß hat einen Bauern gewonnen.

17. b4×a5 b6×a5
18. Tf1–e1 a5–a4
19. Dd1–h5! Lc8–d7

Wenn 19. ... Sd7, so 20. Lg5! Te1:+ 21. Te1: Df8 22. Le7 De8 23. Te3 mit entscheidendem Angriff.

20. Lg2–e4

Gut ist auch 20. Lg5 f6 21. Lf4 (21. Le4?! Te4: 22. Te4: fg 23. Tae1 g6 24. Dh6 Df8 25. Dg5: Sa6 mit unklarem Spiel) mit der Idee Te1–e6.

20. ... g7–g6

Wenn 20. ... h6, so 21. Lh6:, und Weiß besitzt entscheidenden Vorteil.

21. Dh5–h6 Dd8–f6

22. Ld2–g5 Df6×d4

22. ... Dg7 wird mit 23. Dh4 und der Idee Lf6 beantwortet.

23. Dh6–h4 Dd4–g7

Nach 23. ... Kg7 schlägt Tal 24. Tad1 Db2 25. Ld3 mit leichtem weißen Übergewicht vor. Nach 25. ... Sa6 26. Te8: Le8: 25. La6: Ta6: 26. Lh6! Kg8 27. De7 gibt es bereits keine Verteidigung für Schwarz mehr, um Matt zu verhindern.

24. Lg5–h6

Auch 24. Lf6 mit nachfolgendem Df4 und h4–h5 hätte gewonnen.

24. ... Dg7–h8

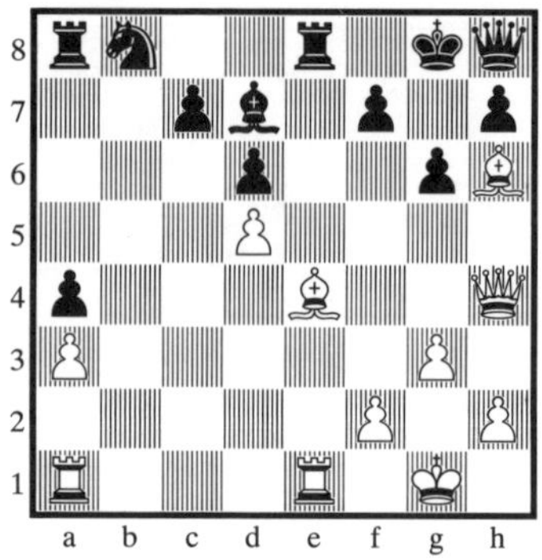

25. Le4–f5!

Der gewinnbringende Schlag.

25. ... Dh8–c3

Wenn 25. ... Lb5, so 26. Te8:+ Le8: 27. Dd8 mit weißem Vorteil.

26. Te1×e8+ Ld7×e8

27. Ta1–c1! Dc3–e5

28. Dh4–d8!

Alle Figuren von Schwarz sind wie gelähmt, befinden sich quasi in Agonie.

28. ... g6×f5

29. Kg1–f1!!

Schwächer wäre der Zug 29. Ld2 wegen 29. ... Sc6!! 30. Da8: Sd4, und der ganze Kampf stünde noch bevor.

Jetzt folgt nach 29. ... Sd7 30. Da8: Sf8 31. Te1 Lb5+ das Königsmanöver 32. Kg2, und Weiß dominiert.

Schwarz gab auf.

Partie Nr. 7
Adorjan – Glatt
Budapest 1982

1. c2–c4 e7–e5

2. Sb1–c3 Sg8–f6

3. Sg1–f3 Sb8–c6

4. g2–g3 Lf8–b4

5. Sc3–d5 Lb4–d6?!

Hauptantworten auf das Vierspringer-System an dieser Stelle für Schwarz sind 5. ... e4 und 5. ... Lc5.

a) 5. ... e4 6. Sh4 0–0 7. Lg2 Te8 8. 0–0 Lc5 9. d3 ed 10. Dd3 Se5 11. Dc2 c6 12. Le3 cd 13. Lc5 d6 14. Ld4 dc 15. Tfd1 De7. Weiter geschah in der Partie Ree – Ligterink (Amsterdam 1988) 16. Sf3 Sc6 17. Dc4 De2 18. De2: Te2: 19. Lf6: gf 20. b3 und in der Begegnung Cvetković – Lerner (Belgrad 1988) 16. Sf5 Lf5: 17. Df3: d5 18. a4 De6 19. De6: Te6: 20. a5 h6 21. Kf1 g5 22. Ta4. In beiden Fällen hatte Weiß mehr vom Spiel.

b) 5. ... Lc5 6. Lg2 d6 7. 0–0 Sd5: (die Variante 7. ... 0–0 8. e3 a6 – oder a5 – 9. d4 wurde in den Anmerkungen zur vorigen Partie behandelt) 8. cd Sd4 9. Sd4: Ld4: 10. e3 Lb6 11. f4 0–0 12. b3 f6 13. a4 a5 14. Lb2 Ld7 15. Kh1 De7 16. Dc2 Kh8 17. Tae1 c6 18. d4. Nach den Vereinfachungen 18. ... ed 19. ed Df7 20. dc Lc6: 21. Lc6: bc 22. Dc4 erhielt Weiß in der Partie Polugajewski – Kortschnoi (Buenos Aires 1980) das bessere Endspiel.

6. Lf1–g2 Sf6×d5

7. c4×d5 Sc6–e7

8. e2–e4 c7–c6

9. 0–0! c6×d5

10. d2–d4!

Indem Weiß einen Bauern opfert, bekommt er Angriff auf den gegnerischen

König. Nach 10. ... ed 11. ed ist bei materiellem Gleichstand das weiße Übergewicht unbestritten.

10. ... d5×e4

11. Sf3×e5 Dd8–c7

Das kleinere Übel war die Rückgabe des Bauern: 11. ... Sg6 12. Sg6: hg 13. Le4:. Nach 11. ... f6 12. Dh5 g6 würde Weiß mittels Figurenopfer entscheidenden Angriff erlangen: 13. Sg6: Sg6: 14. Le4: Tg8 15. Te1 Kf8 16. Lh6 Tg7 17. Lg6:. Im Falle von 11. ... f5 12. Lg5 Le5: 13. de 0–0 (schlecht ist 13. ... h6 14. Dh5 g6 15. Dh4) 14. Dd6 Te8 15. Tfd1 h6 16. Lh6:! gh 17. e6 hat Weiß bedeutende Überlegenheit.

12. Lc1–f4

Vorteil besitzt der Anziehende auch nach 12. Le4:.

12. ... f7–f6

Der einzige Zug, daß sich die Stellung verschärft.

13. Ta1–c1 Dc7–b8

14. Lg2×e4!

Ein Fehler wäre 14. Dh5+ g6 15. Sg6: Sg6: 16. Le4: Lf4: 17. Lg6:+ Kd8 18. gf Df4: mit ungefährem Gleichgewicht.

14. ... f6×e5

15. d4×e5 Ld6–c7

15. ... Le5:? wird mit 17. Dh5+ beantwortet.

16. Dd1–h5+ g7–g6

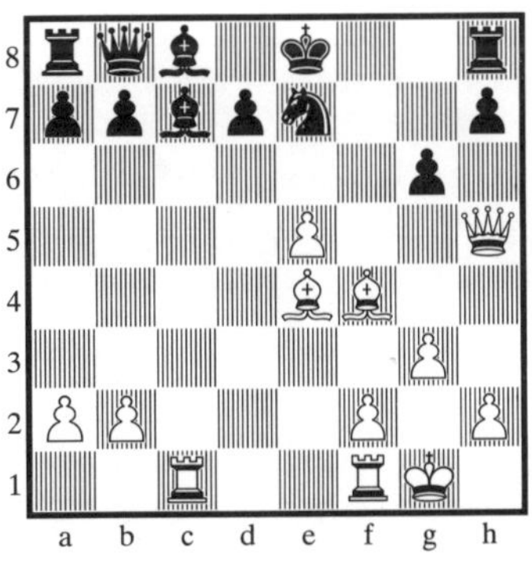

Auf 16. ... Kf8 folgt 17. e6, auf 16. ... Kd8 geschieht 17. Dg5 mit jeweils weißem Vorteil.

17. Dh5–h6 Lc7×e5

Noch ein Zug, und Schwarz behält großen Materialgewinn, aber ..

18. Tc1×c8!! Se7×c8

19. Le4×g6+! h7×g6

20. Dh6×g6+ Ke8–d8

Schwieriger wäre die Aufgabe für Weiß nach 20. ... Ke7 gewesen, aber auch hier findet sich ein Gewinnweg: 21. Te1 d6 22. Dg7+ Ke6 23. Dh8: Se7 (auf 23. ... Sb6 folgt 24. Dh6 Kf7 25. Dh7 Kf6 26. h4, und Weiß steht besser) 24. Dh6 Kf7 (nach 24. ... Kd7 geschieht 25. Le5: de 26. Td1+ Ke8 27. Td6 mit weißem Vorteil) 25. Dh7 Ke6 26. Lg5 nebst f4.

21. Dg6–g5+ Sc8–e7

22. Lf4×e5 Th8–g8

23. Dg5–f4 Db8–c8

23. ... d6, und es folgt darauf 24. Ld6: Dc8 25. Le7:.

24. Tf1–c1

Schwarz gab auf.

Partie Nr. 8
Kasparow – Iwantschuk
Moskau 1988

1. c2–c4 Sg8–f6

2. Sb1–c3 e7–e5

3. Sg1–f3 Sb8–c6

4. g2–g3 Lf8–b4

5. Lf1–g2 0–0

6. 0–0 e5–e4

Andere Fortsetzungen sind hier 6. ... Lc3:, 6. ... e4 und 6. ... d6.

a) 6. ... Lc3: 7. bc (nach 7. dc c6 8. Se1 Le6 9. b3 Dd7 10. e4 Lh3 11. De2 a6 12. Sc2 Lg2: 13. Kg2: h6 steht Schwarz nicht schlechter) 7. ... d6 8. d3 h6 9. e4 a6 10. a4 b6 11. Sh4 Lg4 12. De1 Sa5 13. Ta3 Sd7 14. h3 Le6 15. f4 f6 16. Dd1, und Weiß hat Angriffschancen am Königsflügel.

b) 6. ... Te8 7. Sd5!
(Leichten Vorteil für Weiß bringt auch die Fortsetzung 7. d3 Lc3: 8. bc e4 9. Sd4 h6 10. Dc2 De7 11. Sf5 De5 12. Se3 d6 13. Sd5! ed 14. ed Sd5: 15. cd Se4 16. cb Da1: 17. Lb2, Miles – Plaskett, England 1988.)
7. ... Sd5: 8. cd Sd4 9. Se1! c6 10. e3 Sb5 11. d3 Sc7 12. Sc2 Lf8 13. dc dc 14. De2 Le6 15. Td1 Dd7 16. b3 Lg4 17. Lf3 Lf3: 18. Df3: mit leichtem, aber dauerhaftem Übergewicht für Weiß.
c) 6. ... d6.
Ein Zug, den Großmeister Miles häufig in der Praxis anwendet. Nach 7. d3 und 7. Dc2 erreichte er ein vollwertiges Spiel. Zweimal zog man gegen ihn 7. Sd5, und nach 7. ... Lc5 geschah 8. d4 oder 8. d3. Im ersten Falle hatte Weiß nach 8. ... Sd4: 9. Lg5 c6 10. Sf6: gf 11. Lh6 Sf3: 12. ef Te8 13. f4 Dd7 14. Dd2 Dg4! einfach einen Bauern weniger (Adorjan – Miles, Linares 1985). Und im zweiten Beispiel erhielt Schwarz gleiche Aussichten (Andersson – Miles, London 1984).
Offensichtlich am stärksten ist 7. e3. Jetzt siehe nach 8. ... a6 oder 8. ... a5 die Anmerkungen zur Partie Nr. 6 (Tal – Grigorjan).

7. Sf3–g5 Lb4×c3
8. b2×c3

Keinen Vorteil bringt Weiß die Folge 8. dc Te8 9. f3 d6 10. b3 Ld7 11. Sh3 ef 12. ef Se7 13. Lg5 Sf5 14. Dd3 h6 15. Ld2 Se7 16. Tfe1 Lf5 (Smyslow – Portisch, Petropolis 1973).
Auch nach 9. Dc2 De7 10. Sh3 h6 11. Sf4 De5 12. Td1 Se7 13. Le3 c5! 14. Dd2 b6 15. b4 La6 (Karlsson – Sax, Hastings 1983/84) hat Schwarz ein gutes Spiel.

8. ... Tf8–e8
9. f2–f3 e4×f3

9. ... e4–e3 wurde in der Partie Nr. 9 (Kasparow – Karpow) geprüft.

10. Sg5×f3 d7–d5

Passiver ist 10. ... Dd8–e7, siehe Partie Nr. 10 (Kasparow – Karpow).

11. d2–d4!

Eine Neuerung. Früher wurde 11. cd Dd5: 12. Sd4 Dh5! gespielt. Schwarz schwächt den gegnerischen Damenflügel und erhält Angriff am Königsflügel. 13. Sc6: bc 14. e3 Lg4 15. Lf3 Dg6, und der Nachziehende hatte ein vorzügliches Spiel (Uhlmann – Makarytschew (Amsterdam 1975).
Weiß versuchte hier, das Spiel mittels 15. Da4 Te6 zu verstärken. Am schnellsten geht die Partie mit Remis nach 15. ... Le2 16. Tf6: Lb5 17. Dh4 Dh6: 18. gh gf 19. a4 (16. La3 Le2 17. Tf4 g5 18. Tf5 Ld3 19. Tf6: Tf6: 20. Dd4) zu Ende (Stefanow – Kertew, Rumänien 1977). Für die geopferte Qualität besitzt Weiß das Läuferpaar, die bessere Bauernstruktur und Chancen auf einen Königsangriff durch c4 und Lb2.

11. ... Sf6–e4
12. Dd1–c2!

In der Partie Waiser – Dshandshgawa folgte hier 12. cd Sc3: 13. Dd2 Sd5: 14. e4 Sf6 15. e5 Se4 16. De3 f5 17. Lb2 Se7 18. g4 Sd5 19. Db3 c6 20. gf Lf5 21. Tae1 Sg5 mit beiderseitigen Chancen.

12. ... d5×c4
13. Ta1–b1!! f7–f5

Es verliert 13. ... f6 wegen 14. Se5 fe 15. Le4:. Interessant wäre es, den Zug 13. ... g6 zu prüfen.

14. g3–g4! Dd8–e7?!

Stärker ist 14. ... fg 15. Se5 Sd6!? 16. Sc6: bc 17. e4, und Weiß hat genügend Kompensation für den geopferten Bauern.
Auch hier sollte 14. ... g6 untersucht werden.

15. g4×f5 Se4–d6

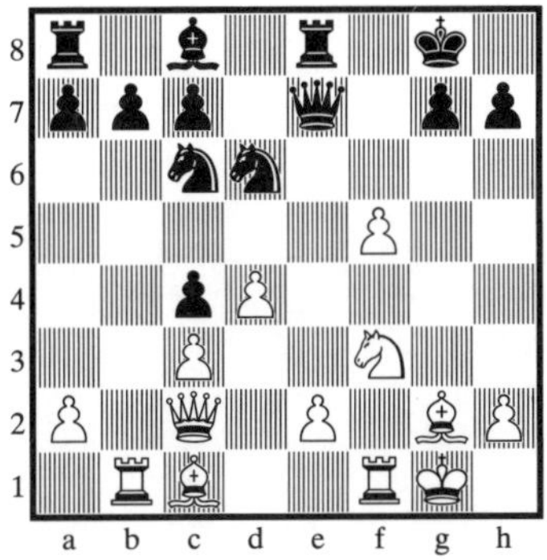

Im Falle des natürlichen 15. ... Lf5: reicht 16. Se5 Se5: (16. ... Sc3: 17. Dc3: Lb1: 18. La3! und Weiß attackiert den schwarzen König) 17. Tf5: Sg4 18. h3 Sg3 19. Ld5+ Kh8 20. hg Se2:+ für Weiß nicht aus, doch nach 16. Sg5! g6 17. Se4: Le4: 18. De4: De4: 19. Le4: Te4: 20. Tb7: Sc7 (20. ... Tc8? wird mit 21. Lh6 Th4 22. Tc7: beantwortet) besitzt Weiß entscheidendes Übergewicht. Nach 21. Tc7: Sf5 22. Tc4: hat der Anziehende Gewinnchancen.

16.	**Sf3–g5**	**De7×e2**
17.	**Lg2–d5+**	**Kg8–h8**
18.	**Dc2×e2**	**Te8×e2**
19.	**Lc1–f4**	

Weiß vollendet nun den Angriff mit einer Serie genauer Züge.

19.	**...**	**Sc6–d8**

Schwarz verteidigt den Punkt f7. Keine Rettung bringt 19. ... Lf5: 20. Ld6: Lb1: 21. Sf7+ Kg8 22. Sd8+ Kh8 23. Tf8 matt oder 19. ... Se7 20. Lf3 Ta2: 21. Ld6: cd 22. Tbc1, und Weiß ist obenauf.

20.	**Lf4×d6**	**c7×d6**
21.	**Tb1–e1**	**Te2×e1**
22.	**Tf1×e1**	**Lc8–d7**

Agonie von Schwarz. Es ist ihm unmöglich, gleichzeitig die siebente und die achte Reihe zu schützen.

23.	**Te1–e7**	**Ld7–c6**
24.	**f5–f6!**	**Schwarz gab auf.**

Nach Zug 24. ... Ld5: wird er schnell matt: 25. Te8+ Lg8 26. f7 Sf7: 27. Sf7: matt.

Partie Nr. 9
Kasparow – Karpow
2. Wettkampfpartie
Sevilla 1987

1.	**c2–c4**	**Sg8–f6**
2.	**Sb1–c3**	**e7–e5**
3.	**Sg1–f3**	**Sb8–c6**

Dieses WM-Match ist dadurch bemerkenswert, daß Kasparow ins weiße Waffenarsenal eine neue Eröffnung – Englisch – aufnahm. Im Weltmeisterschaftskampf davor kam es nicht ein einziges Mal vor.

Nun wurde Englisch seine Lieblingseröffnung. Die hier kommentierte Partie eröffnete die resultativen Begegnungen des Matchs.

4.	**g2–g3**	**Lf8–b4**
5.	**Lf1–g2**	**0–0**
6.	**0–0**	**e5–e4**
7.	**Sf3–g5**	

Früher wurde häufig 7. Se1 Lc3: 8. dc gespielt. Das gilt als genauer gegenüber 8. bc, wonach in der Partie Tal – Cholmow (Tbilissi 1969) 8. ... Te8 9. Sc2 d6 (schwächer ist 9. ... d5 10. cd Dd5: 11. Se3 Dh5 12. f3 ef 13. ef Sd5 14. f4 Dd1: 15. Sd1: Sb6 16. Se3 Sa5 17. d3, Geller – Dorfman, Jerewan 1971, und Weiß verfügt über ein reiches Figurenspiel) 10. Se3 Se5 11. d3 ed 12. ed c6 13. Tb1 Da5 14. Dc2 Sed7 15. Te1 Sb6 16. Ld2 Le6 mit gleichen Aussichten folgte.

8. ... h6 9. Sc2 Te8 10. Se3 d6. Hier erprobten Weiß und Schwarz einige Pläne. Als Beispiel dafür führen wir 11. Dc2 an. Aufmerksamkeit verdient auch 11. Sd5 Sb8 12. Dd4 Sbd7 13. b3 a5 14. Td1, und die weiße Stellung ist angenehmer (Bouaziz – Gaprindaschwili, Lone Pine 1977). Bagirow erachtet 11. ... Lf5 als ausreichend, um das Gleichgewicht zu bewahren (11. ... b6 zieht 12. Td1 nach sich). Und auch bei 12. b3 oder 12. Ld2 meisterte Schwarz tatkräftig die Eröffnungsprobleme: 12. ... a5

13. b3 Tb8 14. a4 Se5. In der Partie Kortschnoi – Hübner (Augusta 1974) geschah weiter: 15. Sd5 Sd5: 16. cd f5 17. c4 Ld7 18. Lb2 Dg5. Der weiße Vorteil ist gering, und Schwarz verfügt über eine feste Stellung.

In jüngster Zeit ist 7. Se1 selten vorgekommen.

7. ... Lb4×c3
8. b2×c3 Tf8–e8
9. f2–f3 e4–e3

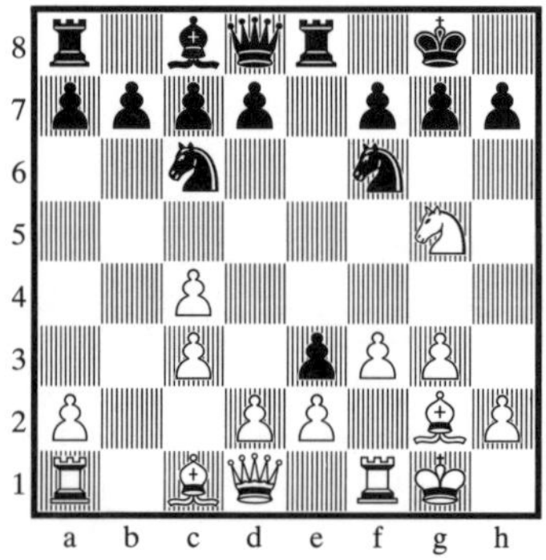

Eine theoretische Neuerung. Bis dahin wurde nur 9. ... ef gespielt (siehe Partien Nr. 8 und Nr. 10).

10. d2–d3!

Über diese Antwort grübelte Kasparow eine Stunde und 23 Minuten nach und stellte damit einen einmaligen Rekord auf. Nach 10. de b6 11. e4 La6? 12. f4 h6 13. Sf7: Kf7: 14. e5 Lc4: (14. ... Sg8? 15. Ld5+ Kf8 16. La3+ Sge7 17. Dd3 d6 18. Dh7, und Weiß gewinnt) 15. ef besitzt Weiß starken Angriff.

Der Versuch, das Spiel von Weiß zu verstärken, wurde in einer Partie zwischen H. Olafsson und Naumkin unternommen: 10. d4 Sa5.

Auf 10. ... d5 folgt 11. cd Sd5: 12. f4 h6 (12. ... Sc3:? wird mit 13. Dd3 und weißem Vorteil pariert) 13. Db3 Sce7 14. Sf3. Eine andere Möglichkeit ist 14. Sf7:!? Kf7: 15. Le3 c6! (15. ... Le6? 16. f5) 16. Ld2 Db6 17. e4 Db3: 18. ab Sc7 19. f5 mit ausreichender Kompensation für die geopferte Figur 19. ... Sb6 (Arencibia – Lugo). Und jetzt würde c3–c4 zu weißer Überlegenheit führen.

Dlugy schlägt einen anderen Plan für Schwarz im 10. Zug vor, und zwar 10. ... d6 nebst De7, Sa5, h6 und Le6, der ebenfalls eine Untersuchung verdient. 11. Dd3 b6 12. c5? Lb7 13. Le3: De7 14. Lf4 (14. Kf2?? La6, und Schwarz triumphiert) De2: 15. Df5 h6 16. Se4 Se4: 17. Tac1, und jetzt kommt das Damenopfer 17. ... Sc3:!. Naumkin erhielt das bessere Spiel.

H. Olafsson empfiehlt 12. Le3:! La6 13. Tfe1 Sc4: (Interesse verdient 13. ... Lc4:) 14. Lf2 nebst e4, und Weiß bekommt ein starkes Zentrum.

10. ... d7–d5
11. Dd1–b3

Der beste Zug, weil 11. cd Sd5: nach 12. Se4 f5 13. c4 fe (zum Ausgleich führt 13. ... Sf6 14. Sc3 Sd4) 14. cd ef 15. Tf3 Sd4 16. Te3: Lg4 17. Le4 Df6 18. Lb2 Db6! 19. Ld4: Dd4: 20. Dc1 Le2: eine für Schwarz klar bessere Stellung ergibt.

Und 12. Db3 Sa5 (12. ... Dg5:+ 13. f4 Sf4: 14. Tf4:, und Weiß hat Initiative für den Bauern) 13. Da3 Dg5: 14. Da5: De5 15. d4 (fehlerhaft wäre 15. f4 Sd4: 16. De5: Se2:+ 17. Kh1 Te5: 18. Lb2 Tb5 mit schwarzem Vorteil) 15. ... Dd6, und das Spiel steht gleich (Anmerkungen von Karpow und Saizew). Interessant wäre es, die Fortsetzung 16. c4 Sf6 17. Dc3 zu prüfen.

11. ... Sc6–a5
12. Db3–a3 c7–c6
13. c4×d5 c6×d5
14. f3–f4 Sa5–c6
15. Ta1–b1 Dd8–c7

Aufmerksamkeit verdient 15. ... Lg4 16. Te1. Weiß kann auch das Remis forcieren: 16. Tb7: Le2: 17. Sf7: Da5! 18. Dd6 Lf1: 19. Sh6+ Kh8 20. Sf7+.

Zum gleichen Ergebnis führt höchstwahrscheinlich 17. Te1 Ld3 18. Sf7: Da5 19. Dd6 Sd4.
16. ... h6 17. Sf3 Dd7, und die Aussichten sind gleich.

16. Lc1–b2 Lc8–g4
17. c3–c4

Das geradlinige 17. Tfe1 hätte Weiß ein leichtes Übergewicht bewahrt. Nichts bringt 17. Sf3 Dd7 18. La1 Te7 19. Tfc1 Lh3 20. Lh1 Sh5, und Schwarz verfügt über ein vorzügliches Gegenspiel. In Anbetracht der einsetzenden Zeitnot forciert Kasparow die Ereignisse.

17. ... d5×c4
18. Lb2×f6 g7×f6
19. Sg5–e4 Kg8–g7

Eine kaltblütige Antwort.
Zu großen Verwicklungen führte 19. ... Te4: 20. Le4: f5 21. Lf3 Sd4 (21. ... Lf3:? 22. Tf3: Sd4 23. Te3: Sc2 24. De7, und Weiß steht besser) 22. dc Lf3: 23. ef e2 24. Tfe1 Dc1:.

20. d3×c4

Eine einhellige Bewertung zu dieser scharfen, verworrenen Stellung abzugeben, ist sehr schwer. Möglich sind folgende Beispielvarianten: 20. h3?! Le2: 21. Sf6: Kf6: 22. Dc3+ Te5!;
20. Dc3 Dd8! (nach 20. ... De7? 21. Tb7: Db7: 22. Sf6: Kf8 23. Sg4: dominiert Weiß) 21. dc Dd4 22. Tb7: Te4: 23. Dd4: Td4: 24. Lc6: mit ungefährem Ausgleich;
20. Sd6 Te6 21. Sc4: Td8 22. f5 Tee8 23. Tb2 Sd4 24. Tb7: Se2+ 25. Kh1 Sg3:+ 26. Kg1 Se2+ 27. Kh1, und wenn Schwarz kein Remis möchte, dann hat er nach 27. ... Dc8 28. Sd6 Td6: 29. Dd6: Lf5: genügend Kompensation für die geopferte Qualität.
Und schließlich noch das interessante Figurenopfer 20. Sf6: Kf6: 21. Tb5 Tad8 22. Dc3 Ke7 23. Dc4:.

20. ... Ta8–d8

Gefährlich wäre 20. ... Le2: wegen 21. Sf6:.

21. Tb1–b3?

Bedeutend stärker war 21. Sc3 Sd4 22. Sd5 Dc4: 23. Se3: De2: 24. Sg4: Dg4: mit leichter Initiative von Schwarz. Bagirow schlägt 21. De3: Sd4 22. Tfd1 Se2:+ 23. Kh1 De7 24. f5 mit völlig unklaren Folgen vor.

21. ... Sc6–d4!
22. Tb3×e3 Dc7×c4

Karpow konnte den weißen Turm schlagen: 22. ... Sc2 23. Dc3 Se3: 24. Df6:+ (nach 24. Sf6: Kg6 steht Schwarz besser) Kf8 25.Dh6+ Ke7 26. Df6+ Kd7. In Zeitnot aber beschloß der Exweltmeister, sicher zu spielen.

23. Kg1–h1 Sd4–f5!

Es lohnt schon nicht mehr, den Turm zu nehmen: 23. ... Sc2 24. Db2 Se3: 25. Df6:+ Kf8 26. Dh8+ Ke7 27. De5+, und der Kampf ist in vollem Gange.

24. Te3–d3 Lg4×e2
25. Td3×d8 Te8×d8
26. Tf1–e1

Die weiße Stellung ist sehr schwierig, doch beide Gegner sind in Zeitnot.

26. ... Td8–e8

Der letzte feine Zug. Es droht jetzt 26. ... Te4:.

27. Da3–a5 b7–b5
28. Se4–d2 Dc4–d3
29. Sd2–b3 Le2–f3
30. Lg2×f3 Dd3×f3+
31. Kh1–g1 Te8×e1
32. Da5×e1 Sf5–e3

Weiß gab auf.
Das Matt kann nur noch durch den Verlust der Dame umgangen werden.

Partie Nr. 10
Kasparow – Karpow
4. Wettkampfpartie · Sevilla 1987

1. c2–c4 Sg8–f6
2. Sb1–c3 e7–e5
3. Sg1–f3 Sb8–c6
4. g2–g3 Lf8–b4
5. Lf1–g2 0–0
6. 0–0 e5–e4
7. Sf3–g5 Lb4×c3
8. b2×c3 Tf8–e8
9. f2–f3 e4×f3
10. Sg1×f3 Dd8–e7

Die Erkenntnisse der Schachtheorie vor dem WM-Match in Sevilla besagten, daß die stärkste Fortsetzung 10. ... d5 sei. Hauptvarianten dazu sind in den Anmerkungen zur Partie Nr. 8 (Kasparow – Iwantschuk) enthalten. Doch Karpow hat seine eigene Meinung. Das Abspiel 10. ... De7 kam in der Partie Smyslow – Peew (Cienfuegos 1973) vor, und Weiß erhielt nach 11. e3 d6 12. d3 Lg4 13. h3 Ld7 14. e4 h6 15. Tb1 Tab8 16. Sh4 Übergewicht.

11. e2–e3 Sc6–e5
12. Sf3–d4!

Weiß opfert einen Bauern. Aufmerksamkeit verdiente auch 12. Se5: De5: 13. Tb1 Tb8 14. e4 (14. Tb5 nebst d3 ist auch möglich) 14. ... Dc5+ (nach 14. ... Se4:? 15. Te1 Df5 16. De2 steht Weiß besser) 15. d4, und der Anziehende besitzt für den Bauern mehr als ausreichende Kompensation.

12. ... Sc5–d3

Karpow lehnt das Bauernopfer ab: 12. ... Sc4: 13. e4 d6 14. d3 c5 (14. ... Se5 15. Lg5 Sed7 16. Sf5 mit weißem Vorteil) 15. Sc2 nebst Lg5 und Se3.

13. Dd1–e2 Sd3×c1
14. Ta1×c1 d7–d6
15. Tf1–f4 c7–c6

Schwarz hat keinerlei Gegenspiel, und Weiß organisiert nun auf der halboffenen f-Linie einen Königsangriff.

16. Tc1–f1 De7–e5

Wahrscheinlich lohnte es mehr für Schwarz, mittels 16. ... Tf8 nebst Se8 in die Defensive zu gehen. Unzureichend ist auch 16. ... Le6 17. Tf6:! gf 18. Le4 Df8 (Nach 18. ... f5 19. Lf5: Lf5: 20. Sf5: Df6 21. Dh5 hat Weiß Angriff und steht auch nach 18. ... Lc4: 19. Lh7: Kh7: 20. Dh5 Kg8 21. Sf5 Df8 22. Tf4 besser) 19. Dh5 Dg7 20. Tf4, und die Drohungen Lf5 oder Th4 sind kaum abzuwehren.

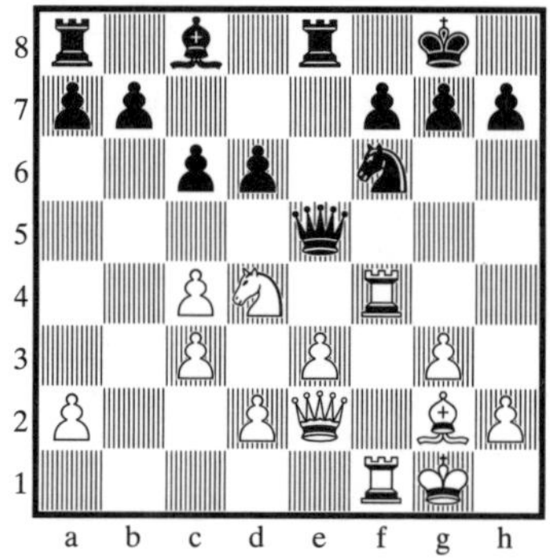

17. De2–d3!

Ein schwer zu findender Zug.

17. ... Lc8–d7

Auch jetzt war es für Schwarz angebracht, den Turm nach f8 zurückzuführen: 17. ... Tf8 18. Sf5 Lf5: 19. Tf5: De7.

18. Sd4–f5 Ld7×f5
19. Tf4×f5 De5–e6
20. Dd3–d4!

Pikant ist die Marschroute der Dame – d1–e2–d3–d4.

20. ... Te8–e7
21. Dd4–h4

Keine großen Aussichten verhieß das Qualitätsopfer 21. Tf6: gf 22. Tf6: De5 23. Td6: Dd4: 24. cd. Kasparow bevorzugt es, den gegnerischen König weiter zu attackieren.

21. ... Sf6–d7
22. Lg2–h3 Sd7–f8
23. Tf5–f3

Weiß gewinnt forciert einen Bauern. Vorteil erbrachte auch der schärfere Weg 23. Tb5 Sg6 24. Le6: Sh4: 25. Tf7: Te6: 26. Tbb7: Sg6 27. Tg7:+ Kf8 28. Tbf7+ Ke8 29. Th7:.

23. ... De6–e5
24. d2–d4 De5–e4
25. Dh4×e4 Te7×e4
26. Tf3×f7 Te4×e3
27. d4–d5! Ta8–e8

Verlieren würde 27 ... Tc3: wegen 28. Tf8:+! Tf8: 29. Le6+.
Weiß konnte die Partie sogleich mit dem herrlichen Keulenschlag 28. c5!! dc 29. d6 beenden.

28. Tf7×b7? c6×d5
29. c4×d5 Te3–e7
30. Tf1–b1 h7–h5
31. a2–a4

Der Bauer „eilt“ nach a6.

31. ... g7–g5
32. Lh3–f5

Einfacher gewann Weiß mit 32. a5 g4 33. Lf1.

32. ... Kg8–g7
33. a4–a5 Kg7–f6
34. Lf5–d3 Te7×b7
35. Tb1×b7 Te8–e3
36. Ld3–b5 Te3×c3
37. Tb7×a7 Sf8–g6
38. Ta7–d7 Sg6–e5

Auch 38. ... Ke5 39. Lc6 hilft nichts, dann ist der schwarze Springer ausgeschaltet.

39. Td7×d6+ Kf6–f7
40. a5–a6 Tc3–a3
41. Td6–d8

Die Bauern d und a sind nicht zu halten.
Schwarz gab auf.

Partie Nr. 11
Tal – Plaskett
Sotschi 1984

1. c2–c4 e7–e5
2. g2–g3 Sb8–c6
3. Lf1–g2 f7–f5
4. e2–e3 Sg8–f6
5. Sb1–c3 Lf8–b4

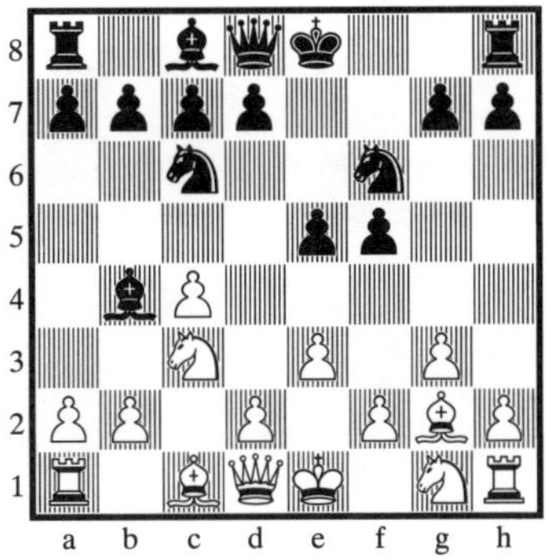

Es ist eine seltene Variante der Englischen Eröffnung entstanden, in der Schwarz als Antwort auf das Königsfianchetto seines Gegners den holländischen Aufbau wählt. Die Praxis dieses Abspiels zeigt, daß der Vorstoß f7–f5 verfrüht ist, wenn Weiß seinen Königsspringer noch nicht auf f3 gestellt hat.
Überprüfen wir das eben Gesagte anhand einiger Beispiele:
1) 5. ... g7–g6 6. d4 e4 7. Sge2 Lg7 (im Falle von verfrühter schwarzer Aktivität 7. ... d5 8. cd Sb4 9. 0–0 Sbd5 10. Sd5: Dd5: 11. f3 öffnet Weiß das Zentrum zu seinen Gunsten) 8. Sf4 0–0 9. a3 a6 10. b4 Se7 11. Db3 g5 12. Sfe2 d5, und nach 13. h4 h6 14. hg hg 15. cd Sed5 16. g4! fg 17. Se4: ist das weiße Übergewicht unbestritten (Majorow – Gulko, 1983).
2) 5. ... d7–d6 6. d4 Le7 7. Sge2 0–0 8. b3 De8 9. La3! Ld7 10. 0–0 Sd8 11. Dd2 Lc6 12. d5 Ld7 13. f4 e4 14. Sd4, und Weiß besitzt Raumvorteil (Smejkal – Kovacević, Zagreb 1985).
3) 5. ... Lf8–e7 6. a4 e4 7. f3 0–0 8. Sge2 Lb4 9. 0–0 Lc3: 10. Sc3: ef 11. Df3: d6 12. Ld3 Ld7 13. Tae1 De8 14. Dd1! Dg6 15. Sd5 (Botwinnik – Simagin, Moskau 1952). Weiß hat das Zentrum gesprengt und verfügt über das Läuferpaar.

6. Sg1–e2 0–0

7. 0–0 Lb4×c3

Dieser Tausch ist voreilig. Besser geschah 7. ... a6.

8. Se2×c3 f5–f4?

Schwarz hat seine Entwicklung (8. ... d6) nicht beendet und öffnet das Spiel, was schwerwiegende Folgen nach sich zieht.

9. e3×f4 e5×f4

10. d2–d4

Weiß besitzt Entwicklungsvorsprung, Raumvorteil und dazu das Läuferpaar.

10. ... f4×g3

11. f2×g3! d7–d6

12. Sc3–d5! h7–h6

Starke Initiative bekäme Weiß nach 12. ... Sd5: 13. Ld5:+ Kh8 14. Lg5! De8 15. Dd2, doch nach 12. ... h6 erweist sich die Schwäche der weißen Felder als entscheidend.

13. Dd1–d3! Lc8–e6

Der einzige Zug! Verlieren würde 13. ... Kh8 14. Lh6: gh 15. Dg6 Sg4 16. Le4 Tf1:+ 17. Tf1: Dg8 18. Tf8 oder 13. ... Sd5: 14. Ld5:+ Kh8 15. Lh6: gh 16. Dg6.

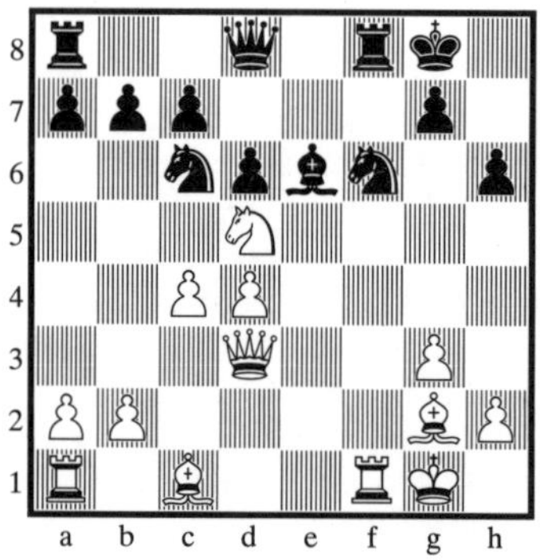

14. Lc1×h6! Le6×d5

15. c4×d5 Sc6–b4

Besser ist 15. ... Se7 16. Lg5 Sh7.

16. Dd3–g6 Dd8–e7

17. a2–a3! Sb4–c2

Nicht spielbar wäre 17. ... Sbd5: wegen 18. Tae1 Dd7 19. Lh3 oder 18. ... Df7 19. Ld5:.

18. Lh6×g7 De7×g7

19. Dg6×c2 Ta8–e8

20. Ta1–e1 Sf6–g4

21. Tf1×f8+ Te8×f8

22. Dc2–d2 Dg7–g6

23. h2–h3 Tf8–f2

24. Dd2–d1!

Schwarz gab auf. Das konnte er im übrigen bereits nach dem 18. Zug.

Partie Nr. 12
Hübner – Kasparow
Hamburg 1985

1. c2–c4 e7–e5

2. Sb1–c3 d7–d6

3. d2–d4

Andere gebräuchliche Varianten sind 3. Sf3 und 3. g3.

a) 3. Sf3 Lg4. Der Läuferzug wurde von W. Smyslow eingeführt. Eine Alternative dazu ist 3. ... f5. Möglich wäre auch 3. ... g6, womit der Übergang zu königsindischen Stellungsbildern erfolgt: 4. d4 Sd7 (auf 4. ... Sc6 folgt 5. d5!). Oft geschieht 4. ... Lf3: 5. gf ed 6. Dd4: Sc6 7. De4+ Sge7 8. Sd5 Dd7 9. Ld2 0–0–0 10. 0–0–0 Kb8 11. Lc3 Sd5: 12. Dd5:, und die weiße Stellung ist ausssichtsreicher.

5. g3 Sf6 6. Lg2 Le7 7. 0–0 0–0 8. h3 Lf3: (8. ... Lh5 9. Sh4) 9. Lf3: ed 10. Dd4: c6. Das Läuferpaar und der Raumvorteil erlauben es, die Stellung als für Weiß günstig einzuschätzen.

3. Sf3 f5 4. d4 e4 5. Sg5. Gute Ergebnisse brachte auch der Zug 5. Lg5, der die wichtige Aufgabe des Tauschs der schwarzfeldrigen Läufer mit anschließendem Übergang in einen französischen Aufbau auf folgendem Wege löst: 5. ... Le7 6. Le7: De7: 7. Sd2.

Wenn Schwarz auf 5. Lg5 Sf6 zieht, so geschieht 6. Sd2 h6 7. Lf6: Df6: 8. e3 c6 9. g4! fg 10. Sde4: Df7 11. Le2 h5 12. Db3 Lc7 13. 0–0–0. Weiß hat seine Kräfte gut aufgestellt, besitzt ein starkes Zentrum und die Möglichkeit zum aktiven Spiel (Deže – Smejkal, Novi Sad 1976).

b) 3. g3 Sc6. Hier kann Schwarz in königsindische Gleise überwechseln: 3. ... g6 4. Lg2 Le6 5. d3 Dd7. Der Nachziehende bereitet den Tausch der weißfeldrigen Läufer vor, als Reaktion darauf inszeniert Weiß ein initiativreiches Spiel am Damenflügel.

Im sechsten Zug gibt es die beiden Möglichkeiten 6. b4 und 6. Sd5.

1) 6. b4 Sge7.

[Möglich ist auch 6. ... g6 7. b5 Sd8 8. Sf3. (In der Begegnung Beljawski – Kupreitschik, Daugavpils 1974, folgte 8. Lg5 f6 9. Ld2 Lg7 10. Sf3 Se7 11. 0–0 0–0 12. Db3 Lf7 13. Se1 Se6 14. a4 f5 15. Da3 Tab8 16. Sc2 mit leichtem weißen Vorteil.)

8. ... f6 9. a4 Se7 10. 0–0 Lg7 11. Le3 0–0 12. Db3, und die Aussichten sind gleich.]

7. b5 Sd8 8. a4 c6.

Schwarz beginnt Operationen im Zentrum, ohne seine Entwicklung richtig abgeschlossen zu haben.

9. La3 d5 10. bc bc 11. cd cd 12. Sf3 f6. Weiter empfiehlt Bagirow 13. d4 e4 14. Sd2 Tc8 15. Sb5 und schätzt die Stellung als günstig für Weiß ein.

2) 6. Sd5. Der beliebteste Zug ist 6. ... Sge7 7. Da4. Weiß verhindert den Plan Sd8 nebst c6. 7. ... Tab8!! (um das befreiende b7–b5 durchzusetzen). Die Partie Portisch – Ljubojević (Malta 1980) ging danach so weiter: 8. Ld2 b5 9. cb Ld5: 10. Ld5: Sd4 11. Lg2 Db5: 12. Db5:+ Tb5:, und Weiß steht besser.

3. ... e5×d4

4. Dd1×d4 Sg8–f6

Schwarz legt den künftigen Standort seines Damenspringers noch nicht fest.

5. g2–g3

Häufig kommt auch 5. b3 vor. Nach 5. ... Sc6 6. Dd2 Le6 7. e4 a5 8. Sge2 a4 9. Tb1 ab 10. ab g6 11. g3 Lg7 12. Lg2 0–0 13. 0–0 Sd7 ergibt sich eine komplizierte Stellung mit beiderseitigen Chancen.

In einer Partie gegen Ruban (Belgrad 1988) zog Miles mit Schwarz 5. ... g6, wonach 6. Lb2 Lg7 7. g3 0–0 8. Lg2 Sbd7! geschah. Schwarz spielt auf Eroberung des Punktes e4. Weiter folgte 9. Sf3 Sc5 10. Dd2 a5 11. Sd4 Te8 12. 0–0 c6 13. Tab1 (besser war 13. Tad1 Db6 14. e3 a4 15. Dc2) 13. ... De7 14. a3 h5 15. Dc2 h4!, und der Nachziehende besaß Initiative am Königsflügel.

5. ... Sb8–c6

6. Dd4–d2 Lc8–e6

7. Sc3–d5

Aufmerksamkeit verdient 7. e4 g6 8. b3 Lg7 9. Lb2 0–0 10. Lg2 a5 11. Sge2 a4 12. Tb1 ab 13. ab Sd7 14. Sb5. Danach steht ein angespannter Kampf mit etwa gleichen Aussichten bevor.

7. ... Sc6–e5

8. b2–b3 Sf6–e4!

Schwächer ist 8. ... Le7 9. Lg2 c6 10. Se7: De7: 11. f4 Sg6 12. La3 Td8 13. 0–0–0, und Weiß verfügt über die größeren Möglichkeiten.

9. Dd2–e3 Se4–c5

Zur Vereinfachung der Stellung führt 9. ... c6 10. De4: cd 11. cd Da5 12. Ld2 Ld5: 13. La5: (13. Df4 Db6) Le4:.

10. Lc1–b2

Notwendig war 10. Lg2 c6 11. Sc3 a5 mit kompliziertem Spiel.

10. ... c7–c6

11. Sd5–f4?

Richtig war an dieser Stelle 11. Sc3 Sg4 12. Dd4 Le7 mit leichter weißer Überlegenheit.

11. ... Se5–g4

12. De3–d4?

Der entscheidende Fehler. Weiß mußte unbedingt 12. Se6: spielen, wonach 12. ... Se3: 13. Sd8: Sc2+ 14. Kd1 Sa1: 15. Sf7: (nicht 15. Sb7:? wegen Sab3:!) Kf7: 16. La1: Le7 folgen könnte.

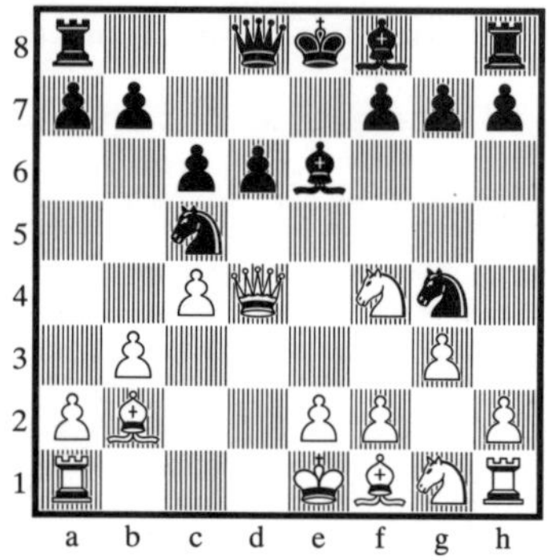

12. ... Sc5–e4!!
13. Lf1–h3

Schlägt die weiße Dame auf e4, geht sie verloren – 13. De4:? Da5+ usw. Auch 13. Sgh3 Da5+ 14. Kd1 d5 und 13. Sd3 f5 14. Lc1 c5 15. Db2 Le7 verlieren.

13. ... Dd8–a5+!

Nach 13. ... Sgf2? 14. Le6: fe 15. Se6: Da5+ (15. ... De7 16. Sh3!) 16. Lc3! ist die Stellung unklar.

14. Ke1–f1 Sg4×f2
15. Lh3×e6

Nicht mehr zu verteidigen ist die weiße Position nach 15. Se6: fe 16. Le6: Le7! 17. Dg7: Tf8 18. Kg2 Sh1: 19. Kh1: Dd2.

15. ... f7×e6
16. Sf4×e6 Ke8–d7!
17. Sg1–h3

Nach 17. Sf8:+ Taf8: 18. Dg7:+ Kc8 steht Schwarz klar besser.

17. ... Sf2×h3
18. Dd4×e4 Ta8–e8
19. Se6–c5+ Da5×c5

Auf 19. Dg4 folgt 19. ... Te6: 20. Dh3: Dd2 mit schwarzer Überlegenheit.

20. De4–g4+ Kd7–c7
21. Dg4×h3 Lf8–e7
22. Lb2×g7

Es gibt keine Rettung mehr für Weiß, zum Beispiel 22. Tg1 Thf8+ 23. Kg2 Lf6! 24. Lf6: Te2:+ 25. Kh1 Tf6: 26. Dh7: Df2 27. Dh5 Th6.

22. ... Th8–f8+
23. Lg7×f8 Te8×f8+
24. Kf1–e1 Dc5–f2+
25. Ke1–d1 Df2–d4+
26. Kd1–c2 Dd4–e4+!
27. Kc2–d2

Auch 27. Kc3 De3+ 28. Kb4 (28. Kc2 De2:+) 28. ... d5+ hilft nichts mehr.

27. ... Le7–g5+
28. Kd2–c3 De4–e5+

Weiß gab auf.

Die Variante 29. Kb4 Ld2+ 30. Ka3 Lc3 31. Dh7:+ Kb8 32. b4 La1: ist mehr als überzeugend.

Partie Nr. 13
Havelko – Lukin
Naleczow 1981

1. d2–d4 d7–d6
2. c2–c4 e7–e5
3. Sg1–f3

Im Endspiel sind die Aussichten von Weiß, ungeachtet des schwarzen Rochadeverlustes (nach ed ed, Dd8: Kd8:), nicht besser. Die andere mögliche Fortsetzung (Sc3) wurde in der Partie Nr. 12 (Hübner – Kasparow) betrachtet.

3. ... e5–e4

Der Zug 3. ... Sd7 führt zu indischen Stellungsbildern. Auf 3. ... e4 versuchte Weiß außer 4. Sg5 auch 4. Sg1 und 4. Sd2, doch in keinem dieser Fälle erhielt der Anziehende bei richtigem Spiel von Schwarz Vorteil, zum Beispiel 5. Sd2 Sf6 6. e3 g6 7. Le2 Lg7 8. f3 ef 9. Lf3 0–0 10. 0–0 Sc6 11. Te1 Kh8, und Schwarz verfügt über eine sichere Stellung (Ribli – Polugajewski, Budapest 1975).

4. Sf3–g5 f7–f5

Früher wurde angenommen, daß Schwarz nach 4. ... Sf6 5. Sc3 Lf5 ein vorzügliches Spiel erhält, doch später wurde 6. g4! gefunden, und die weiße Überlegenheit nach 6. ... Lg4: 7. Lg2 Sc6 8. Sge4: Se4: 9. Se4: Dd7 10. h3 Lf5 11. Sg3 Lg6 12. h4 ist offensichtlich.

5. Sb1–c3 Lf8–e7

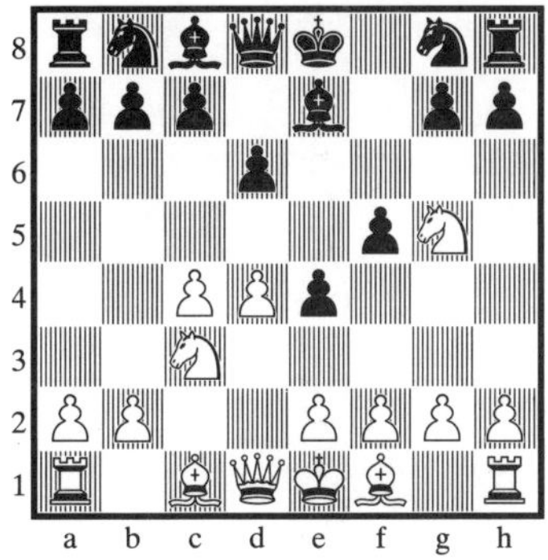

Eine logische Idee. Schwarz entwickelt seinen Läufer und vertreibt damit gleichzeitig den feindlichen Springer. Schwächer ist 5. ... h6 und auf 6. Sh3 g5 (sonst gelangt der weiße Springer nach f4). In diesem Zusammenhang entwikkelte Portisch in einer Partie gegen Quinteros den interessanten Plan 7. Sg1! Lg7 8. h4! g4 9. e3 Sf6 10. Sge2 Sh5 11. Sd5 c5 12. Ld2 Sc6 13. Lc3 Le6 14. dc dc, und Weiß besaß eine sehr aussichtsreiche Stellung.

Ein anderer naheliegender Zug ist 5. ... Sf6. Nach 6. f3 Sc6 7. fe h6 8. Sh3 fe 9. g3 g5! (nagelt den Springer auf h3 fest) 10. Lg2 Lg7 11. 0–0 0–0 12. e3 De8 13. Sf2 Lf5 ergibt sich ein interessantes Spiel (Romanischin – Gulko, Jerewan 1978).

6. Sg5–h3 Sg8–f6

7. Lc1–g5

Gewöhnlich wird hier 7. a3 nebst Sf4 und h4 gespielt. Nach dem Partiezug muß Schwarz damit rechnen, daß Weiß mittels g2–g4 das Zentrum sprengt.

Ein komplizierter Kampf entwickelt sich nach 7. ... c6 8. Sf4 0–0 9. e3 Sa6 10. h4 Sc7 11. Le2 Se6 12. Db3 Sf4: 13. Lf4: De6! (Stefanow – Polugajewski, Sotschi 1981).

7. ... Lc8–e6

Mit seinem letzten Zug verfolgt Lukin die Absicht, am Königsflügel anzugreifen. Deshalb wird der Läufer häufig nach f7 zur Verteidigung des Bauern g6 gestellt.

8. e2–e3 Sb8–d7

9. Lf1–e2

Aufmerksamkeit verdient 9. Db3, zum Beispiel 9. ... Tb8 10. Da4 a6 11. Sf4 Lf7 12. Lf6: Lf6: 13. g4! mit besseren Chancen für Weiß.

9. ... 0–0

10. b2–b3

Es erweist sich als erforderlich, den weißfeldrigen Läufer von der Verteidigung des Bauern c4 zu befreien und den Vorstoß g2–g4 oder f2–f3 vorzubereiten. Nach 10. 0–0 c6? 11. d5 Lf7 12. Lf4! cd 13. Sg5 hat Weiß klaren Vorteil. Anstelle von 10. ... c6 geschah besser 10. ... h6.

10. ... h7–h6

11. Sh3–f4 Le6–f7

12. h2–h4

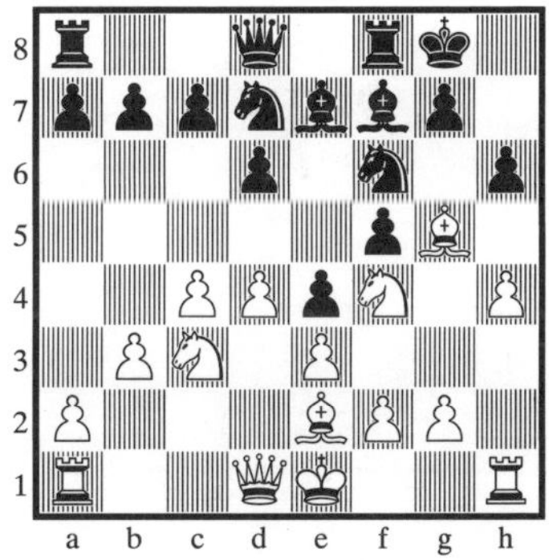

Hier konnte Weiß durch 12. Lf6: Sf6: 13. g4 für ihn unnötige Verwicklungen heraufbeschwören. Das Figurenopfer aber sieht noch energischer aus. Schwarz jedoch findet eine Widerlegung.

12. ... c7–c5

Schwarz will das Feld e5 für seinen Springer reservieren. Nach 12. ... hg 13. hg g6 14. gf Lf6: 15. g4! besitzt Weiß Übergewicht.

13. Ke1–f1

Jetzt würde 13. g4 bereits zum schwarzen Vorteil führen: 13. ... fg 14. Lf6: (unzureichend ist auch 14. dc dc 15. Lg4: hg 16. hg Sg4: 17. Dg4: Lg5: 18. 0–0–0 Df6 19. Se4: Da1+ 20. Kc2 Da2: 21. Kc1 Lf6) 14. ... Sf6: 15. Lg4: Da5 16. Tc1 cd 17. ed Sg4: 18. Dg4: Lf6. Deshalb befreite sich Weiß rechtzeitig von der Fesselung auf der Diagonalen a5–e1.

13. ... c5×d4
14. e3×d4 h6×g5

Riskant gespielt, aber dennoch ein guter Zug. Möglich war auch die ruhigere Fortsetzung 14. ... e3 15. Lf6: (15. fe? hg 16. hg Se4 17. Se4: fe, und 18. g6 geht auf Grund der Fesselung des weißen Springers nicht) 15. ... Lf6: 16. fe Lh4: oder 14. ... Te8 nebst Sf8.

15. h4×g5 g7–g6
16. g5×f6 Le7×f6

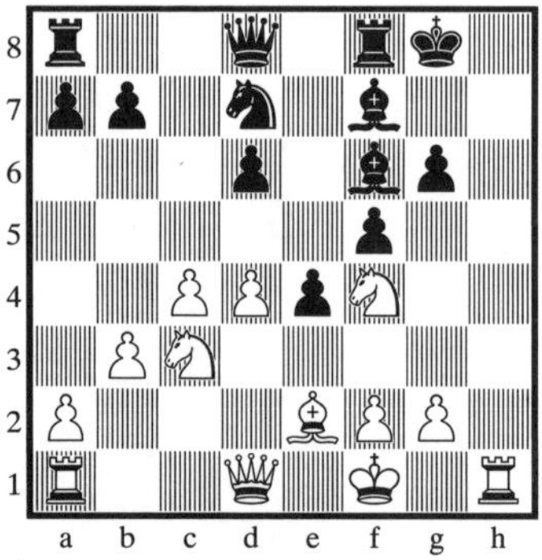

17. Sc3–d5

Weiß läßt die Möglichkeit aus, die schwarze Bauernkette durch 17. g4 zu sprengen. Nach 17. ... Lg5 18. Sh3 (keinen Erfolg bringt 18. Scd5 wegen 18. ... Sf6) 18. ... Lh6 19. Sb5 entstehen unübersichtliche Verwicklungen, zum Beispiel 19. ... Df6 20. g5 oder 19. ... De7 20. gf gf 21. Lh5.

17. ... Lf6–g5
18. g2–g3 Sd7–f6
19. Sd5–e3 Kg8–g7
20. d4–d5?

Weiß gibt das Feld e5 preis, und die Initiative geht auf Schwarz über. Das Gleichgewicht bewahrt hätte 20. Dd2 und 21. Kg2.

20. ... Tf8–h8
21. Kf1–g2

Schlecht wäre 21. Th8: Dh8: 22. Kg2, und Schwarz gewinnt einen Bauern: 22. ... Lf4: 23. gf Dh4.

21. ... Th8×h1
22. Dd1×h1 Dd8–e7
23. Dh1–e1 De7–e5
24. Sf4–h3 Lg5–h6
25. De1–d1 Lf7–e8

Schwarz konnte den Angriff sofort mittels 25. ... g5 beginnen. Danach ergibt sich diese forcierte Variante: 26. g4 f4 27. Sf5+ Kh7 28. f3 Lg6 29. Sh6: Kh6: 30. Sf2 Te8. Doch auch der Textzug mit dem Läufermanöver zur Deckung des Bauern f5 ist nicht übel.

26. Se3–c2 Le8–d7
27. Dd1–d4 De5×d4?

Mit dem Damentausch erleichtert Schwarz die Lage seines Gegners. Auf e5 konnte Weiß nicht nehmen, dann würde das schwarze Zentrum noch mehr gefestigt, noch stärker, und diesem Übergewicht würde Weiß nicht standhalten. Im Zusammenhang damit mußte der Angriff am Königsflügel mittels g5 und f4 fortgesetzt werden.

28. Sc2×d4 g6–g5
29. Ta1–g1?

Ein Fehler. Weiß mußte den Vorstoß f4 durch 29. Th1 vorbereiten. Dann hätte 29. ... f4 wegen 30. gf gf 31. f3 nichts eingebracht. Schwarz konnte aber Kg6 nebst Lg7 spielen und versuchen, den weißen Springer vom Punkt d4 zu vertreiben. Es stünde ein komplizierter Kampf bevor. Nun aber gewinnt Schwarz einen Bauern.

29.	**...**	**g5–g4**
30.	**Sh3–f4**	**Lh6×f4**
31.	**g3×f4**	**Sf6–h5**
32.	**Tg1–h1**	**Sh5×f4+**
33.	**Kg2–f1**	

Auf 33. Kg3 folgt 33. ... Sh3 und 34. ... f4.

33.	**...**	**Ta8–h8**
34.	**Th1×h8**	**Kg7×h8**
35.	**Kf1–e1**	**Kh8–g7**
36.	**Ke1–d2**	**Kg7–f6**

Durch das natürliche Streben des Königs ins Zentrum realisiert Schwarz den Mehrbauern.

37.	**b3–b4**	**Kf6–e5**
38.	**Sd4–b3**	**Sf4×e2**
39.	**Kd2×e2**	**b7–b5**
40.	**c4–c5**	**Ke5×d5**
41.	**Ke2–e3**	**Kd5–e5**

Auf 42. cd entscheidet endgültig 42. ... f4+ und 43. ... Kd6:.

Weiß gab auf.

Partie Nr. 14
Petrosjan – Psachis
Las Palmas 1982

1.	**c2–c4**	**Sg8–f6**
2.	**Sb1–c3**	**e7–e6**
3.	**Sg1–f3**	**c7–c5**
4.	**g2–g3**	

Andere Fortsetzungen sind 4. d4 und 4. e4, die in den Anmerkungen zur Partie Kasparow – Salow, Barcelona 1989, betrachtet werden.

4.	**...**	**b7–b6**
5.	**e2–e4**	**Lc8–b7**
6.	**Dd1–e2**	**d7–d6**

Schwarz wählt einen Aufbau, der in der schachlichen Terminologie „Igel" genannt wird. Dabei werden die Bauern auf der sechsten Reihe postiert: e6, d6, b6, a6. Dieses Verteidigungssystem ist sehr beliebt. Petrosjan empfiehlt 6. ... Sc6, um den Punkt d4 zu erobern.

7.	**d2–d4**	**c5×d4**
8.	**Sf3×d4**	**g7–g6?**

Das ist ein Fehler. Jetzt schafft es Schwarz nicht mehr, die Entwicklung seiner Figuren zu vollenden. In der Begegnung Kortschnoi – Csom (Rom 1981) setzte Schwarz mit 8. ... a6 fort, und nach 9. Lg2 Dc7 (9. ... Sbd7!?) 10. 0–0 Le7 11. Le3 Sbd7 12. Tac1 Tc8 13. b3 Db8 entstand eine für den Igel charakteristische Stellung.

9.	**Lf1–g2**	**a7–a6**
10.	**0–0**	**Sb8–d7**
11.	**Tf1–d1!**	

Nicht aufgehen würde die Kombination 11. Se6: fe 12. e5 Lg2: 13. ef Lh3, und Schwarz steht bedeutend besser.
Auf 13. ... Lf1:?? folgt 14. De6+ Le7 15. f7+ Kf8 16. Lh6 matt.

11.	**...**	**Dd8–b8**

Nicht aber 11. ... Le7 oder 11. ... Lg7 wegen 12. e5! Lg2: (12. ... de 13. Se6: fe 14. Lb7:) 13. ef mit weißem Vorteil.

12.	**a2–a4!**	**Lf8–g7**

Auf 12. ... a5 gewinnt 13. Sdb5.

13.	**a4–a5**	**0–0**
14.	**a5×b6**	**Sd7×b6**
15.	**Sd4–b3**	**Ta8–a7**
16.	**Lc1–f4!**	**e6–e5**
17.	**Lf4–e3**	**Lb7–c8**

17. ... La8 wird mit 18. c5 und weißem Vorteil beantwortet.

18.	**Sb3–a5**	**Ta7–a8**
19.	**De2–d3?!**	

Weiß konnte die Verteidigung folgendermaßen durchbrechen: 19. c5 dc 20. Lc5: Te8 21. Ld6 Da7 22. Sc6 Db7 23. Se5: (+–).

19.	**...**	**Lc8–e6**
20.	**b2–b3**	**Sb6–c8**
21.	**h2–h3**	**h7–h5**
22.	**b3–b4**	**Db8–c7**

Auf 22. ... Db4: geschieht 23. Tdb1.

23. Sc3–d5 Sf6×d5
24. c4×d5 Le6–d7
25. Td1–c1 Dc7–b8
26. Sa5–c6 Db8–b7

Die Dame von Schwarz darf wiederum nicht auf b4 nehmen: 26. ... Lc6: 27. dc Db4:? 28. Tcb1.

27. Lg2–f1 f7–f5
28. Dd3×a6! Ta8×a6
29. Lf1×a6 Ld7×c6

Schwach wäre 29. ... Da8 30. Lc8: Dc8: 31. Se7+.

30. La6×b7 Lc6×b7
31. Tc1–c7 Tf8–f7
32. Ta1–c1

Im Ergebnis der forcierten Variante mit zeitweiligem Damenopfer konnte Weiß in ein gewonnenes Endspiel überleiten.

32. ... Lb7–a6
33. b4–b5 La6×b5
34. Tc7×c8+ Schwarz gab auf.

Partie Nr. 15
Kasparow – Salow
Barcelona 1989

1. Sg1–f3 Sg8–f6
2. c2–c4 b7–b6
3. Sb1–c3 c7–c5
4. e2–e4

Die Alternativen lauten 4. g3 und 4. d4. Sehen wir uns einmal die Fortsetzung 4. d4 etwas näher an. Danach geht die Partie so weiter: 4. ... c5×d4 5. Sd4: Lb7.

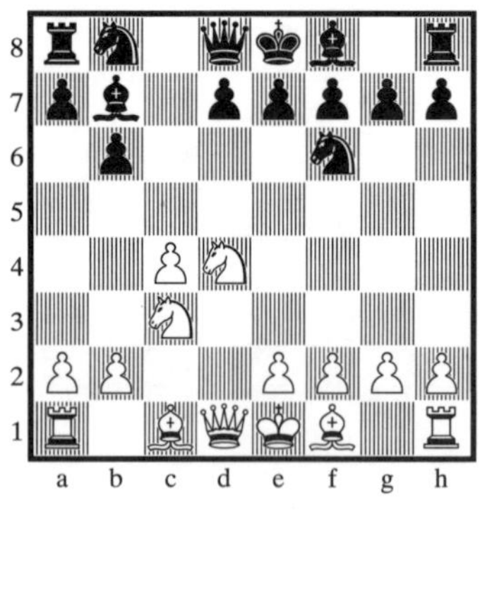

Hier sind zwei Züge möglich: 6. Lg5 und 6. f3.

1) 6. Lg5 a6 7. Lf6:.

Die Theorie besagt, daß 7. Sf5 Dc7 8. Dd4 Sc6 9. Sd5 wegen 9. ... Sd5:! 10. Sg7:+ Lg7: (10. ... Kd8? 11. Se6+!) 11. Dg7: De5! 12. De5: Se5: 13. cd Ld5: Weiß keinen Vorteil bringt (Raschkowski – Psachis, Belzy 1979).

7. ... gf 8. e4.

Ebenfalls zum Ausgleich führt 8. e3 e6 9. Db5 Dc7 (mit der Drohung Dc7–e5!) 10. Sf3 Dc5! 11. Dh4 f5 12. Le2 Lg7 13. 0–0 Sc6 14. Tac1 Se5 15. Dg3 Sg6 16. Tfd1 Tc8 17. a3 Dc7 18. Dc7: Tc7: (Lerner – Psachis, Riga 1985) 19. g3!.

In der Partie Raschkowski – Suetin (Daugavpils 1974) probierte Weiß 8. Sf5 aus, aber nach 8. ... b5! bedauerte er sein Experiment,weil 9. cb? ab 10. Sb5:?? wegen 10. ... Da5+ nicht geht.

8. ... e6.

Danach teilt sich das Spiel wieder.

A) 9. a3 Sc6 10. Le2 Tc8 11. Sc6: Lc6: 12. 0–0 Dc7 13. g3 De5 14. Dd8 h5 15. h4 Lc5 16. Kh2 a5 mit vorzüglichem Spiel für Schwarz (Havelko – Redzepagic, Nalenczow 1985).

B) 9. Le2 Dc7 10. 0–0 h5 11. a3 Sc6 12. Kh1 h4 13. f4 f5 14. ef h3, und die Stellung ist unklar, doch es kann davon ausgegangen werden, daß die Chancen von Schwarz, der das Läuferpaar besitzt, nicht schlechter sind (Hansen – Plaskett, Kopenhagen 1987).

C) Den neuen Zug 9. Sc2 führte Weiß in der Begegnung Agdestein – Kudrin (Marseilles 1987) ein. Nach 9. ... Dc7 10. h4 Sc6 11. Th3 Se5 12. b3 Tg8 13. Dd2 Sg4 14. f4 Lc5 bleiben von seiner Stellung nur noch Ruinen übrig, und Schwarz besaß klares Übergewicht.

Resümiert man die drei letzten Partien, kann man den Schluß ziehen, daß sich Weiß um Raumgewinn im Zentrum und am Damenflügel bemühen muß und Schwarz ein aktives Figurenspiel am Königsflügel anstrebt.

Im großen und ganzen ist einzuschätzen, daß Schwarz nach 6. Lg5 seine Eröffnungsprobleme erfolgreich löst.

2) 6. f3.

Daraufhin gibt es zwei Pläne für Schwarz. Er kann seinen Damenspringer nach c6 (A) oder nach d7 (B) entwikkeln.

A) 6. ... Sc6 7. e4 e6 8. Le3 Db8.

Nach 8. ... Lc5 9. Dd2 0–0 10. 0–0–0 De7 11. Le2 Tfd8 12. The1 d5 13. cd Sd4: 14. Ld4: ed 15. e5! Sd7 16. f4 Tac8 17. Kb1 Ld4: 18. Dd4: Sc5 19. Lg4! verdienen die weißen Aussichten eindeutig den Vorzug (Spraggett – Spasski, Montpellier 1985).

Nach 8. ... Le7 9. Le2 0–0 10. 0–0 d6 11. Dd2 Se5 12. Tfd1 a6 13. Tac1 Sed7 14. Lf1 Dc7 15. Df2 Tab8 ist die Lage von Weiß zukunftsträchtiger (Polugajewski – Rodriguez, Riga 1979).

In der Partie Gelfand – I. Sokolov (Amsterdam 1988) unternahm Schwarz den Versuch, sein Spiel mit dem Zug 8. ... Tb8 zu verstärken. Nach 9. Sdb5 d6 10. Lf4 e6 11. Le3 a6 12. Sa3 Le7 13. Le2 0–0 14. 0–0 Sd4 15. Kb1! (15. Ld4: ed 16. Dd4: d5!) 15. ... Se6 16. Sc2 Sf4 17. Sb4 besaß Weiß leichtes, aber dauerhaftes Übergewicht.

9. Dd2 Le7.

Dies ist die moderne Fortsetzung.

Früher wurde 9. ... Lc5 10. Le2 0–0 11. Td1 Se5 12. Sdb5 a6 13. Sd6 Lc6 14. a3 gespielt, was Weiß einen geringen Vorteil einbringt (Taimanow – Tal, Moskau 1973).

Vorgekommen ist auch schon 9. ... Ld6 10. Sdb5 Le5 11. f4 Lc3: 12. Sc3: 0–0 13. Le2! Td8 14. 0–0 d5 (Grinfeld – Miles, London 1984), und die weiße Stellung ist besser.

10. 0–0–0 0–0 11. g4 Sd4:.

In der Partie Suba – Adorjan (Pinerollo 1987) brachte Schwarz die Neuerung 11. ... Td8?!, und nach 12. g5 Sh5 13. Sdb5 Se5 14. Le2 Dc8? 15. c5!! erhielt er eine hoffnungslose Stellung wegen der Drohung Thg1. Aber auch nach dem stärkeren 14. ... Sg6 15. Sd6 Ld6: 16. Dd6: Sgf4 17. Lf1 Dd6: 18. Td6: Tac8 19. c5! bc 20. Lb5 besitzt Weiß klares Übergewicht.

Kasparow schreibt, daß 11. ... Se5!! Aufmerksamkeit verdient. Nach 12. Ld4 d6 13. g5 Sd4 14. Kb1 Tc8 15. Le2 d6 16. h4 Se5 17. b5 hat Weiß leichten Vorteil (Kortschnoi – Winants, Brüssel 1987).

Wie wir sehen konnten, bringt die Entwicklung des Springers nach c6 Schwarz keinen Ausgleich.

Nun zur anderen Springerentwicklung:

B) 6. ... d6 7. e4 Sbd7 8. Le2 e6 9. 0–0 Le7 10. Le3 0–0.

Hier gabelt sich der Weg wieder: in 11. a4 und 11. Dd2

a) 11. a4 a6 12. a5 mit weißer Initiative am Damenflügel. 12. ... ba. Fedorowicz schlägt 12. ... Dc7!? vor. 13. Sb3 Tb8. Hier verdient nach Ansicht von Fedorowicz 13. ... a4!? Aufmerksamkeit, und im Falle von 14. Ld4 Sc5 mit unklarem Spiel.

Jetzt ist sowohl 14. La7!? Ta8 15. Ld4 Tb8 16. Sa5: La8 17. Dd2 Dc7 gut (Beachtung verdient 17. ... Se5 mit der Idee 18. ... Sfd7) 18. Tfc1! (schwächer ist 18. b4? wegen 18. ... d5! 19. cd Tb4 und der Idee Tb4×d4) 18. ... Se5 19. b4 mit weißer Überlegenheit (Greenfeld – Fedorowicz, Hastings 1985/86), als auch 14. Sb5: Ld8 15. Dd2 De7 16. Tfc1 Tfc8 17. Sa4 Sc5 18. b4 Sa4: 19. Ta4: Dd7 20. Tca1, und die weiße Stellung verdient den Vorzug (Gelfand – Smirin, Vilnius 1988).

b) 11. Dd2 a6 12. Tfd1 Te8 13. Tac1 Tac8 14. Lf1 Dc7 15. Df2 Db8 16. Sc2 Ld8 17. Kh1 Lc7.

Jetzt würde Schwarz nach 18. g4 h6 (zu unklarem Spiel führt 18. ... Se5 19. g5 Sfd7) 19. h4 d5! 20. g5 Lg3! 21. Dg2 (Nach 21. Dd2 muß Schwarz entweder eine Figur opfern – 21. ... dc 22. gf Sf6 23. f4 Se4: 24. Se4: Le4: mit Kompensation – oder einige Bauern hergeben – 21. ... Sb5!? 22. gh g6 23. cd Se5 mit unklarer Stellung) 21. ... de 22. fe hg 23. hg Se4: 24. Se4: Se5! 25. Lc5: (wenn 25. Ld3, so 25. ... Sd8: 26. Td3: Da8! 27. Td4 Le5) 25. ... Tc5: 26. Td7 La8! 27. Tcd1 Tg6: 28. Sg5: Lg2: 29. Lg2 Df4! klares Übergewicht erhalten.

Nicht viel stärker ist 18. Dg1, wie es in der Partie Ricardi – Milos (Buenos Aires 1988) geschah. Nach 18. ... Kh8 19. Sb4 Tg8 20. Sa4 Sc5 21. Sc5: dc 22. Sd3 a5 23. Ld2 g5 24. Lc3 Tg6 kann die Lage als unübersichtlich beurteilt werden.

In der Variante mit der Entwicklung des Springers nach d7 bekommt Weiß nur dann Übergewicht, wenn er sich mittels a2–a4–a5 um ein aktives Spiel am Damenflügel bemüht.

4. ... d7–d6
5. d2–d4 c5×d4
6. Sf3×d4 Lc8–b7
7. Dd1–e2 Sb8–d7?!

Dieser und die nächsten beiden Züge von Schwarz sind ungenau. Es lohnt nicht, sich mit der Entwicklung des Damenspringers zu beeilen, weil das Feld d7 auch für den anderen schwarzen Springer günstig wäre, falls Weiß g2–g4–g5 spielt.

Salow, der die Entwicklung seines Königsflügels noch nicht beendet hat, beginnt nun, sich mit dem Damenflügel zu beschäftigen. Er selbst gibt an, daß er folgendermaßen fortsetzen mußte: 7. ... e6 8. g3 Le7 9. Lg2 0–0 10. 0–0 Dc7 (nicht aber 10. ... a6 wegen 11. e5! Lg2: 12. ef Lf6: 13. Kg2: Ld4: 14. De4 mit Gewinn für Weiß).

Man konnte sich auch an der Partie Lputjan – Dolmatow (UdSSR 1987) orientieren, wo es so weiterging: 7. ... e6 8. g3 Le7 9. Lg2 a6 10. 0–0 Dc7 11. b3 0–0 (schlecht wäre 11. ... b5? 12. La3 bc 13. Dc4 Dc4: 14. bc mit der Idee Tab1, und Weiß stünde besser) 12. Lb2 Sc6! (bei dem weißen Läufer auf g2 steht der schwarze Springer besser auf c6 – auf 12. ... Sbd7 könnte 13. Tae1 Tfe8 14. f4 mit der Idee e4–e5 folgen; etwas besser steht Weiß nach 13. Sc6 Lc6: 14. Tac1 mit der Drohung 15. Sd5) 13. ... Tac8 14. Tac1 Db8 15. h3 Tfe8 16. Kb2 Lf8 17. f4 b5! mit Ausgleich.

8. g2–g3 Ta8–c8
9. Lf1–g2 a7–a6
10. 0–0 Dd8–c7
11. b2–b3 e7–e6

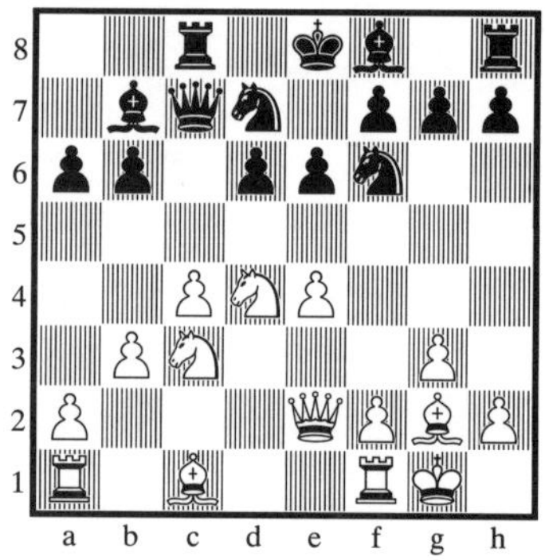

Schwarz ist stark in der Entwicklung zurückgeblieben, und die Bestrafung folgt auf dem Fuße.

12. Sc3–d5! Dc7–b8

12. ... ed?! 13. ed+ Kd8 (noch schlechter wäre 13. ... Le7? 14. Sf5 Se5 15. Sg7:+) führt zu einer völlig hilflosen Lage von Schwarz. Weiß bringt einfach seine Figuren in eine aktive Stellung (Lb2, Tfd1, Tac1) und im entscheidenden Mo-

ment folgt das Schach Sd4–c6+. Auf 12. ... Dd8?! folgt das schlichte 13. Lb2.

13. Tf1–d1 g7–g6

Auf 13. ... ed schlägt Salow 14. ed+ Kd8 15. Sc6+ Lc6: 16. dc Sc5 17. b4 vor, und jetzt verdient nach 17. ... Se6 der Vorstoß 18. c5!? Aufmerksamkeit, um die b-Linie öffnen zu können. Auch 13. ... e5 hat Salow untersucht und gerechterweise eingeräumt, daß Weiß nach 14. Sf6:+ Sf6: 15. Sf5 g6 16. Sh6 klares Übergewicht besitzt.

14. Lc1–g5

Kasparow verstärkt hervorragend den Druck. Schwächer war 14. Lh3 Lg7 15. Le6: fe 16. Se6: Kf7, und Schwarz konnte sich noch verteidigen.

14. ... Lf8–g7

15. Lg5×f6 Sd7×f6

Verlieren würde 15. ... Lf6: wegen 16. Sf6: Sf6: 17. e5! de. Schlecht ist auch 17. ... Lg2: 18. ef Lh3 (sonst geschieht 19. Se6:!) 19. De3! Db7 20. f3, und die schwarze Stellung läßt zu wünschen übrig.

Nach 18. Lb7: Db7: 19. De5: De7 (bzw. 19. ... Ke7 20. Se6:! fe 21. Td6) 20. Sc6 hat Weiß eine Gewinnstellung.

16. Sd5×b6 Tc8–d8

17. e4–e5

Der genaueste Zug, obgleich auch das einfache 17. Sa4 möglich war.

17. ... Lb7×g2

Auf 17. ... de gewinnt 18. Sc6 Lc6:+ 19. Lc6:+ Ke7 20. c5! Dc7 (20. ... Da7 wird mit 21. Tac1 beantwortet; nicht aber 21. De5:?? Sh5, auf 21. ... Se8? folgt 22. Dg5+ Lf6 23. Td8: Lg5: 24. Td7+; 22. Sc8+ Tc8: 23. Dd6+ Kf6 24. g4 Thd8!, und es ist kein Gewinn für Weiß sichtbar, möglicherweise auch kein Remis) 21. Da6: Td1: 22. Td1: Dc6: 23. Sd5+, und die weißen Bauern am Damenflügel bestimmen den Ausgang der Partie.

18. e5×f6 Lg7×f6

19. Sd4×e6

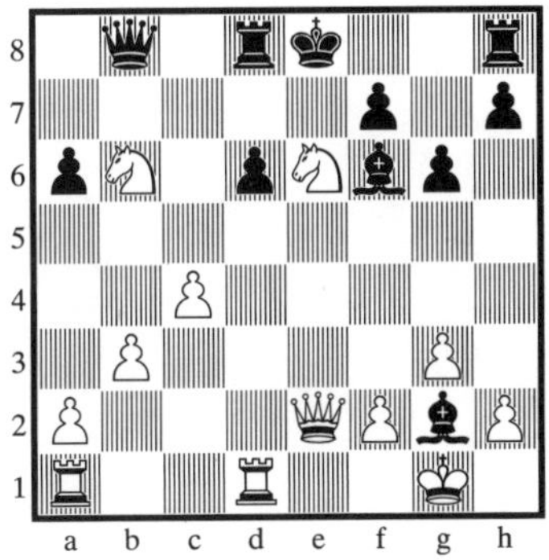

Die Kombination war fällig.

19. ... f7×e6

20. De2×e6+ Lf6–e7

21. c4–c5!!

Der Schlußakkord, der das bisherige Spiel von Weiß krönt. Jetzt muß der schwarze Läufer auf g2 weichen.

21. ... Lg2–b7

Auf 21. ... Lc6 gewinnt 22. Tac1, und auf 21. ... Lf3 folgt 22. Td3 Tf8 23. Te1.

22. Td1–e1 Db8–c7

23. c5–c6! Lb7×c6

Noch schlechter wäre 23. ... Lc8 wegen 24. Sd5! gewesen.

24. Ta1–c1 Td8–d7

25. Sb6×d7 Dc7×d7

26. De6–c4!

Genauigkeit bis zum Schluß! Verteidigungschancen hätten sich für Schwarz nach 26. Tc6:? De6: 27. Te6: Kd7 28. Te7:+ Kc6: ergeben.

26. ... Lc6–b7

27. Dc4–c7 Th8–f8

28. Dc7–b8+ Ke8–f7

29. Tc1–c7!

Schwarz gab auf.

Partie Nr. 16
Kasparow – Ribli
Skelleftea 1989

1.	**c2–c4**	**c7–c5**
2.	**Sg1–f3**	**Sg8–f6**
3.	**Sb1–c3**	**e7–e6**
4.	**g2–g3**	**b7–b6**
5.	**Lf1–g2**	**Lc8–b7**
6.	**0–0**	**Lf8–e7**
7.	**d2–d4**	**c5×d4**
8.	**Dd1×d4**	**d7–d6**
9.	**Tf1–d1**	**a7–a6**

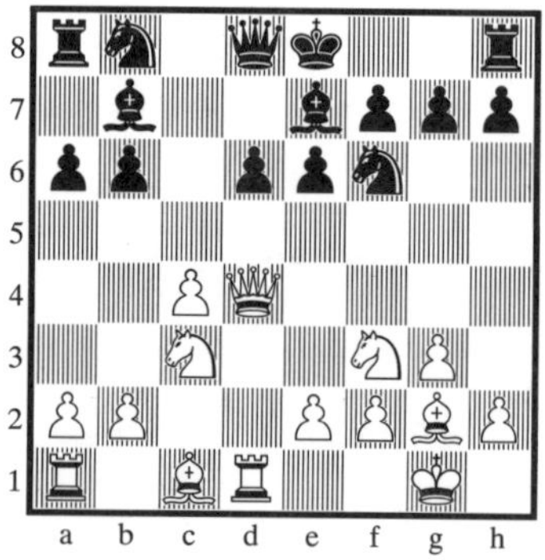

10. Sf3–g5

Auf dem Diagramm ist die Grundstellung des Aufbaus der Streitkräfte in der Englischen Eröffnung dargestellt.

Außer 10. Sg5 kommen in der Praxis noch zwei Fortsetzungen vor: das weniger beliebte 10. b3 und 10. Lg5.

Zunächst sehen wir uns den Zug 10. b3 an.

A) 10. b3 Sbd7 11. e4. Die Ausgangsstellung der Variante. Hier kamen bisher 11. ... Sc5, 11. ... Dc7, 11. ... Db8 und 11. ... Dc8 vor.

1) 11. ... Sc5. Schwarz spielte original diese Eröffnung in der Begegnung Seirawan – Adorjan (Toluca 1982). Nach 12. Sd2 h5 13. b4 Scd7 14. Lb2 Sg4! 15. h3 Sge5 16. Se2 h4 17. g4 g5 18. Sf1 Th6 war die Stellung unklar.

2) 11. ... Dc7 12. La3 Sc5 13. e5 de 14. De5: Tc8 15. Lc1!?

Gespielt wurde auch schon 15. Dc7: Tc7: 16. Lc1 Sfe4 17. Se4: Le4: 18. Lf4 Tc8 19. Ld6, und wenn jetzt 19. ... Sd3 geschieht, folgt 20. Le7: Ke7: 21. Sd4 Lg2: 22. Kg2:, und Weiß besitzt minimales Übergewicht (Gutman – Ljubojević, Biel 1985).

Der Zug 19. ... Lf6 gleicht allerdings das Spiel aus. Weiter geschah daraufhin in der Partie Andersson – Browne (Naestved 1985) 20. Se5 Sb7! 21. f4 Sd6: 22. Td6: Le7! 23. Tdd1 Lg2: 24. Kg2: f6 25. Sf3 Lc5 26. Td3 Td8 27. Tad1, Remis.

Spielt Weiß 15. Lb2, könnte Schwarz so antworten: 15. ... h5! 16. h3 Lc6 17. Dc7 Tc7 18. Se5 Lg2 (Ivanca – Browne, Las Vegas 1986) und Remis.

15. ... 0–0?!

Kengis empfiehlt 15. ... De5: 16. Se5: Lg2 17. Kg2: Scd7 18. Sd7: Sd7: 19. Se4 Tc6 20. Lf4 mit leichter weißer Überlegenheit.

16. Dc7: Tc7: 17. Lf4 Tcc8 18. Ld6 Tfc8 19. Se5 Lg2: 20. Kg2: Kf8 21. Td4 Sfd7 22. Sd7: Sd7: 23. Tad1, und der weiße Vorteil wurde spürbar.

3)11. ... Db8 12. La3

Keinen Nutzen brachte Weiß der Zug 12. h3?!, wonach 12. ... 0–0 13. La3 Sc5 14. e5 de 15. De5: Da7 16. De3 Tac8 17. Tac1 Tfd8 18. Lb2 Da8 folgen könnte, und bei Schwarz ist alles in Ordnung. (Romanischin – Ulybin, Simferopol 1988).

12. ... Sc5 13. e5 de 14. De5: Scd7 15. Db8: Tb8: 16. Lc1 Tc8 17. Lb2 Tg8!? 18. Se2 g5 19. Se5 Lg2: 20. Kg2: Se5: 21. Le5: Sd7! 22. Lb2.

Wenn 22. Ld6, so geschieht 22. ... Tc6! mit Ausgleich..

22. ... Sc5 23. h3 f6! 24. Sc3 Kf7, und die Stellung ist gleich (Pellant – Browne, New York 1986).

4) 11. ... Dc8!? 12. Lb2.
Weiß erhält nach 12. La3?! Sc5 13. e5 de 14. Se5: Lg2: 15. Kg2: Db7+ keinen Vorteil.
12. ... 0–0 13. Sd2 Dc7 14. Tac1 Tac8 15. h3 Tfe8 16. a3 Db8 17. b4 Ted8 18. De3 La8 19. De2 Se8 20. Sf1 Lb7 (Aufmerksamkeit verdiente 20. ... Lg5!? 21. f4 Lf6) 21. Kh2 Sef6 22. Sd2 Se8 23. Te1 La8 24. Sb3 Lg5 25. Tc2 Tc7 26. f4 Lf6 27. Tec1, und hier steht nach 27. ... Tcc8 laut Ribli die Partie gleich (Karpow – Ribli, Dubai 1986).
Zusammenfassend kann gesagt werden, daß 10. b3 Schwarz gewisse Probleme stellt. Stärkste Antworten des Nachziehenden im elften Zug sind 11. ... Db8 und 11. ... Dc8.
B) Jetzt untersuchen wir 10. Lg5 Sbd7 11. Dd2.
Früher spielte man 11. Sd2 Lg2: 12. Kg2:, doch jetzt bringt sowohl 12. ... 0–0 13. Sde4 Dc7 14. Tac1 (zweifelhaft wäre 14. Sd6:?! Tad8) Tfd8 15. Kg1 h6 16. Sf6:+ Lf6: 17. Lf6: Sf6: 18. b3 Tac8 (Kortschnoi – Adorjan, Cannes 1986), als auch 12. ... Tc8 13. Sde4 Tc6 14. Sf6:+ Lf6: 15. Lf6: Sf6: 16. Se4 Se4: 17. De4: Dc7 18. a4 0–0 19. b3 h6 (Jusupow – Sokolow, Leningrad 1987) Schwarz den Ausgleich.
In der vorliegenden Ausgangsstellung für diese Variante wurden vier Züge analysiert. 11. ... Dc7, 11. ... Tc8, 11. ... 0–0 und 11. ... Dc8.
1) 11. ... Dc7
Dieser Zug kam in der Turnierpraxis bislang nur einmal vor, und zwar in dem Treffen Dizdarevic – Lautier (Moskau 1989). Dort geschah weiter 12. b3. (Ernsthaft beachtet werden sollte das geradlinige 12. Lf4.)
12. ... Sc5 13. Lf4 Td8 14. Tac1 0–0 15. Db2 Db8 16. h3 h6 17. b4 Sce4 18. Se4: Le4: 19. Le3 Tc8 20. Lf1 Tc7 21. Da3 Db7 22. Sd2 Lc6 23. Sb3, und Weiß steht ein wenig angenehmer.
2) 11. ... Tc8 12. Lf4 Tc4:
Zweifelhaft sind sowohl 12. ... e5?! 13. Lg5 Lf3: 14. ef! Tc4: 15. De2 b5 16. a4 Db8 17. ab ab 18. f4 mit weißem Übergewicht, als auch 12. ... d5?! 13. cd Sd5: 14. Sd5: Ld5: 15. e4! Lb7 16. Sd4, und Suba bewertet die Stellung als besser für Weiß.
13. Ld6: Ld6:?! (Nach dem korrekten 13. ... 0–0 14. Se5 Se5: 15. Lb7: Dd6: 16. Dd6: Ld6: 17. Td6: Tb4 hat Schwarz Verteidigungschancen) 14. Dd6: Tc6 15. Da3 (Suba – Ftačnik, Szirak 1986), und jetzt hilft 15. ... De7 nichts wegen 16. De7:+ Ke7: 17. Sd4 Tc7 18. Lb7: Tb7: 19. Sc6+, und Weiß verfügt über klaren Vorteil.
3) 11. ... 0–0 12. Lf4 Se8.
Nach 12. ... Tc8!? 13. Ld6: Tc4: ergibt sich die Stellung aus Variante 2. Möglicherweise stärker ist 13. b3.
Schwach wäre 12. ... d5?! 13. cd Sd5: 14. Sd5:, und 14. ... Ld5: verbietet sich wegen 15. e4! Le6 16. Sd4 Lb7 17. Se6:, und nach 14. ... ed ist die weiße Stellung entschieden besser.
13. Tac1.
Möglich ist auch 13. e4 Dc7 14. Tac1 Tc8 15. b3, und nun steht Weiß nach 15. ... Se5!? und auch nach 15. ... Td8 etwas günstiger (Suba – Csom, New York, 1987).
13. ... Tc8
Gleichwertig ist 13. ... Dc7 14. e4 Td8 15. De2 Sef6 16. Sd2 Tfe8, und Weiß hat etwas mehr vom Spiel (Bönsch – Ftačnik, Trnava 1988).
14. b3 h6 15. e4 Dc7 16. h4! Db8 17. g4! mit der Idee, nach g4–g5 den Springer e8 auszuschalten (K. Gheorghiu – A. Sokolow, Leningrad 1987).
4) 11. ... Dc8. Portischs Zug. 12. b3
Nichts bringt 12. Lf4 Sc5! 13. Se1 Lg2: 14. Sg2: 0–0, und Schwarz gleicht aus (Waganjan – Portisch, Brüssel 1988).
12. ... 0–0 13. Tac1 Td8 14. Db2.

Nach 14. h3 Dc7 15. Lf4 Sc5 16. b4 Sce4 17. Se4: Se4: 18. Dd3 e5 19. Le3 Sf6 20. Db3 steht Weiß vielleicht etwas besser (Cvitan – Ulybin, Moskau 1989). 14. ... Dc7 15. a4 Tac8 16. Se1 Lg2: 17. Sg2:, und die weiße Stellung ist aussichtsreicher, Karpow – Ftačnik, Saloniki 1988.

Man kann den Schluß ziehen, daß der Zug 10. Lg5 Weiß überall leichten Vorteil einbringt.

10. ... Lb7×g2
11. Kg1×g2 Sb8–c6
12. Dd4–f4 Ta8–a7

Schwarz vollführt eines der Standardmanöver im „Igelsystem“, indem der Turm von a8 nach d7 gebracht wird.
Auch 12. ... 0–0 war in der Praxis anzutreffen, zum Beispiel 13. Sce4 Se8 14. b3 Ta7 15. Lb2 Td7 16. Tac1 La8 17. Kg1 b5 18. Sf3 bc 19. Tc4: d5 20. Sc5 Td8 21. Tcc1 mit leichtem weißen Übergewicht (van der Sterren – Kindermann, München 1988).
Auch nicht besser ist 13. b3 Ta7 14. Lb2 h6! 15. Sf3 Td7 16. Tac1 Db8 17. Se4 Se4: 18. De4: Tc8, und Schwarz hat eine zufriedenstellende Stellung (Adorjan – Gheorghiu, Saloniki 1984).

13. Sg5–e4

Interessant für Weiß ist es auch, 13. Sce4 mit der Idee zu spielen, auf 13. ... Td7 mit Springerschach zu antworten: 14. Sf6:+ Lf6: 15. Sh7: Th7: 16. De4. Nach 16. ... Th5 17. Dc6: Tc5 18. De4 (oder 18. Da4 Da8+! 19. f3 Dc6! mit Ausgleich) 18. ... Dc8! 19. Le3 Tc4: 20. Tac1 Tdc7 21. Tc4: Tc4: 22. Df3 Dc6 23. Dc6: Tc6: 24. b3 d5 jedoch steht die Partie gleich (Adorjan – Bischoff, New York 1986).

13. ... Ta7–d7
14. Lc1–e3

Auf 14. b3 genügt 14. ... d5 15. cd Sd5: 16. Sd5: ed 17. Sd2 Lf6 18. Tb1 0–0 19. Lb2 d4 mit gleichen Chancen (Andrianow – Wojtkiewicz, Sotschi 1980).

14. ... Sc6–e5
15. Se4×f6+ Le7×f6
16. Sc3–a4 Dd8–a8+
17. Kg2–g1

Ein neuer Zug.

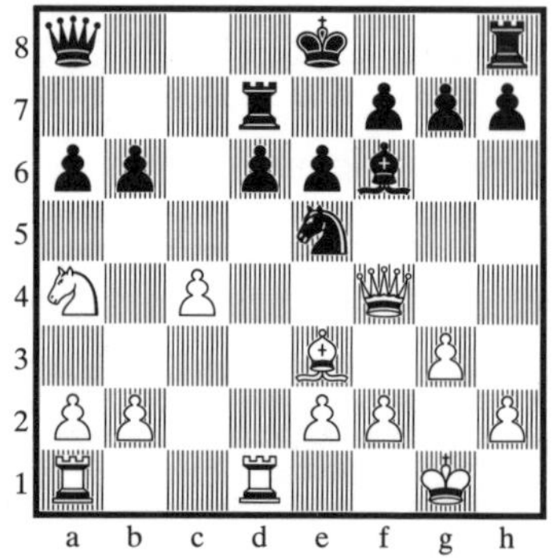

Bis dahin war nur 17. f3 vorgekommen.

17. ... Da8–c6
18. Sa4×b6 Td7–b7
19. c4–c5 d6×c5
20. Sb6–c4 Se5×c4
21. Df4×c4 Lf6×b2
22. Ta1–b1 0–0

Nach dieser langzügigen forcierten Variante ergab sich eine Stellung, die in der Theorie vorkommt, aber ... mit dem weißen König auf g2 und dem Bauern auf f3. Bagirow schätzt dieses Mittelspiel, welches in der Partie Horvath – Schneider (Ungarn 1984) entstand, als gleich ein. Kasparow versucht, diese Feststellung zu widerlegen. Das wäre ihm kaum gelungen, wenn Ribli nicht so gespielt hätte wie in dieser Partie ...

23. Dc4×c5 Dc6–a4

Zweifelhaft wäre 23. ... Dc5:?! 24. Lc5: Tfb8 – obwohl eine Widerlegung nicht sofort sichtbar ist, zum Beispiel 25. Td6?! Le5 26. Tb7: Ld6: oder 25. Ld6 Td8 26. Le5 Td1:+ 27. Td1: f6!.

24. Td1–d2 Tb8–b5

Bedeutend schwächer wären 24. ... Ld4? oder 24. ... La3? wegen 25. Df8:+ usw.

24. Dc5–c6 Lb2–d4??

Ein grober Schnitzer, der es Weiß gestattet, die Partie schön zu gewinnen. Ausgleich brachte das einfache 24. ... Lf6, doch Ribli wollte noch „einfacher" spielen.

25. Tb1×b5 Ld4×e3

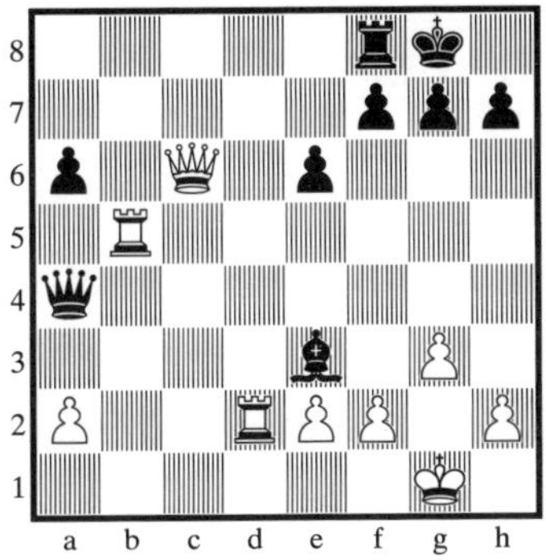

Kasparow schlug nun in gewonnener Stellung Remis vor, das natürlich angenommen wurde. Waganjan zeigte die siegbringende Variante.

26. Td8!! Db5: (26. ... Td8: 27. Td5!) 27. Dd6 Lf2:+ 28. Kf2: Te8 29. a4! Da4: 30. De7.

Auch nach 29. ... Df5+ gibt es kein ewiges Schach: 30. Kg2 De4+ 31. Kh3 Df5+ 32. g4 Df1+ 33. Kg3.

Partie Nr. 17
Suba – Kindermann
Dortmund 1985

1.	**c2–c4**	**c7–c5**
2.	**Sg1–f3**	**Sg8–f6**
3.	**Sb1–c3**	**e7–e6**
4.	**g2–g3**	**b7–b6**
5.	**Lf1–g2**	**Lc8–b7**
6.	**d2–d4**	**c5×d4**
7.	**Dd1×d4**	**d7–d6**

Das alles ist schon häufig in der Praxis vorgekommen, der letzte Zug von Schwarz aber war unglücklich.

Nach 7. ... Sc6 8. Df4 Lb4 9. 0–0 Lc3: 10. bc Sa5 11. La3 Tc8 12. Sd4 Sc4: 13. Lb7: Sa3: 14. Lc8: Dc8: 15. c4 Sc4: 16. Sb5 d5 17. Tac1 Dd7 18. Db8 Dd8 19. Da5: 0–0 20. Sa3! besitzt Weiß Vorteil (Grünfeld – Kindermann, 1986).

Anstelle von 10. ... Sa5 kann Schwarz stärker spielen:

10. ... 0–0 11. La3 Te8 12. Se5 (nicht aber 12. Tab1?! Sa5 13. c5 Sd5 mit schwarzem Übergewicht; doch nach dem besseren 12. Ld6! Tc8 13. Tfd1 La6 14. Sd2 Sa5 15. Le5! d5 16. Lf6: Df6: 17. Df6: gf 18. cd, Uhlmann – Wahls, 1988 – steht Weiß überlegen) 12. ... Sa5 13. Ld6 mit Ausgleich.

Nach 9. Ld2 0–0 10. 0–0 Le7 11. Tfd1 d6 12. b3 Tc8 13. Lc1 Tc7 14. La3 Td7 15. e4 besitzt Weiß geringen Vorteil (Suba – Adorjan, 1986).

Offensichtlich stärker für Schwarz ist 7. ... a6 mit nachfolgendem d6, Sbd7 usw., also der Übergang zum üblichen „Igel". Die Partie könnte dann so weitergehen: 8. 0–0 d6 9. Td1 Le7 10. Lg5!? Sbd7 11. Sd2 Ld2: 12. Kg2: 0–0 13. Sde4 Dc7 14. Tac1 Tfd8 15. Kg1 h6 16. Sf6: Lf6: 17. Lf6: Sf6:, und das Spiel steht gleich oder 10. Sg5 Lg2: 11. Kg2: Sc6 12. Df4 0–0 13. b3 Ta7 14. Lb2 h6 15. Sf3 Td7 16. Tac1 Db8 17. Se4 mit Ausgleich (Adorjan – Gheorghiu, 1984).

8. Lc1–g5 Sb8–d7

9. Sc3–b5 h7–h6

Schwarz spürt bereits die Schwierigkeiten mit der Verteidigung des Bauern d6, doch der Partiezug ist fehlerhaft. Im Falle von 9. ... Db8 setzt Weiß mit 10. Td1 e5 11. De3 a6 12. Sc3 Le7 13. Lh3! Lc6 14. Sd5 fort und erhält die bessere Stellung (Grünfeld – Suba, 1984).

Aufmerksamkeit verdient 9. ... e5!?.

Nach 10. Sd6:+ Ld6: 11. Dd6: Se4 12. Ld8: Sd6: 13. Lg5 Sc4: ist die Lage von Schwarz völlig zufriedenstellend. Weiß kann versuchen, die Schwäche des Feldes d5 auszunutzen und 10. Dd2 Le7 11. 0–0 0–0 12. Tfd1 zu spielen, doch nach 10. ... ab 11. Sc3 Le7 12. 0–0 0–0 13. Tfd1 ist sein Vorteil minimal.

In der vorliegenden Partie bekommt Schwarz forciert eine schlechte Stellung.

10. Lg5×f6 Sd7×f6
11. Ta1–d1 Sf6–e4
12. Sf3–h4 Se4–c5

Im Falle von 12. ... f5 13. Sg6 Tg8 14. Sf8: Kf8: 15. 0–0 nebst 16. Le4: und 17. Sd6: hat Schwarz einfach einen Bauern bei ungünstigerer Stellung weniger. Der Versuch, den Bauern zu halten, gibt Weiß starken Angriff.

13. 0–0!

Sehr kräftig gespielt, obgleich das geradlinige 13. Sd6:+ Ld6: 14. Dd6: Dd6: 15. Td6: Lg2: 16. Sg2: Ke7 17. Td2 (17. Td1 Sa4) Tbd8 18. Tc2 Weiß ebenfalls einen Mehrbauern einbringt.

13. ... Lb7×g2
14. Kg1×g2 Sc5–b7

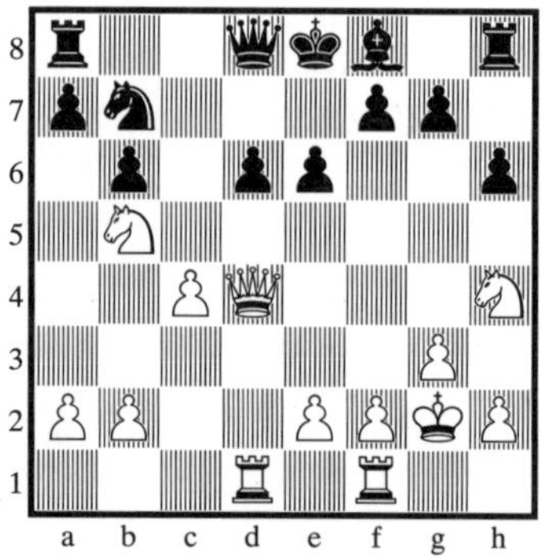

15. f2–f4! a7–a6
16. Sb5–c3 Lf8–e7

Schwarz hat bereits keinen guten Zug mehr, so weit ist er in der Entwicklung zurückgeblieben.

17. Dd4×g7 Le7–f6
18. Dg7–g4 Lf6×h4

Darauf hatte Schwarz vertraut. Im Falle von 19. gh Dd7 mit nachfolgendem 20. ... 0–0–0 oder 19. Dh4: Dh4: 20. gh Ke7 konnte er noch völlig auf einen günstigen Partieausgang rechnen. Aber Weiß handelt sehr energisch: es zählt nur die Attacke!

19. f4–f5! h6–h5

Schwarz hatte noch zwei andere Möglichkeiten. Das nicht schwierige Durchrechnen zeigt, daß Weiß in beiden Fällen leicht die entscheidende Oberhand gewinnt.

19. ... Dg5 20. De4 0–0–0 21. fe fe 22. Tf7;

19. ... Le7 20. fe fe 21. De6: Sc5 (21. ... Dd7 22. Df7+ Kd8 23. Sd5) 22. Df7+ Kd7 23. Td6:+ Kd6: 24. Td1+ Kc7 25. Td8: Kd8: 26. Sd5 Ta7 (26. ... Ld6 27. Sb6 Tb8 28. b4 Tb6: 29. Df6) 27. b4 Sa4 28. Df4! Kc8 29. Df5 Kd8 30. De5.

20. Dg4–e4 Sb7–c5
21. De4–c6+ Ke8–e7
22. g3×h4

Die Stellung von Schwarz ist verloren, er könnte bereits aufgeben.

22. ... Th8–g8+
23. Kg1–h1 e6×f5

Oder es geschieht 23. ... Tc8 24. f6+ Kf8 25. Td6:.

24. Tf1×f5 Ta8–c8
25. Dc6–f3 Tg8–g7
26. Sc3–d5+ Ke7–f8
27. Df3×h5,

und **Schwarz gab** angesichts der Drohung 28. Tf7:+ Tf7: 29. Dh8 matt **auf**.

Partie Nr. 18
Larsen – Gheorghiu
Las Palmas 1976

1. d2–d4 Sg8–f6
2. Sg1–f3 e7–e6
3. g2–g3 b7–b6

4.	**Lf1–g2**	**Lc8–b7**
5.	**0–0**	**c7–c5**
6.	**c2–c4**	**c5×d4**
7.	**Dd1×d4**	**d7–d6**
8.	**Sb1–c3**	**a7–a6**
9.	**Tf1–d1**	

In den ersten Jahren, als der Igel auftauchte, nahm man an, daß die Zugfolge von Schwarz keine wesentliche Bedeutung besitzt. B. Larsen war es, der als erster diesen Irrtum zerstreute. Mit seinem neunten Zug schuf er eine indirekte Drohung gegenüber dem schwarzen Zentrumsbauern und veranlaßte seinen Gegner, für einen Augenblick unachtsam zu sein.

9. ... Sb8–d7?

Wie erfolgt die Bestrafung?

10. Sf3–g5!

Heute sind die „Parierzüge" bereits gut bekannt: auf 9. Td1 folgt 9. ... Le7! und auf 9. b3 geschieht 9. ... Sbd7!.

Dafür aber mußten die Drohungen von Weiß vorhergesehen werden. Im ersten Falle Sg5–e4 und im zweiten La3.

Interessant ist, daß F. Gheorghiu zweimal dazu beitrug, dieses Wechselverhältnis zu erkennen, indem er gegen Andersson und Larsen nicht den richtigen Zug „erriet".

10.	**...**	**Lb7×g2**
11.	**Kg1×g2**	**Dd8–c7**

Gheorghiu versucht, gleichzeitig die Drohung Sge4 abzuwehren und seinen Turm a8 ins Spiel zu bringen. Er bemerkt aber nicht den äußerst starken 15. Zug von Weiß.

Gut oder schlecht, es war notwendig, eine bereits entwickelte Figur zu ziehen: 11. ... Sc5 hätte die Hauptdrohung von Weiß unterbunden.

12.	**Sg5–e4**	**Sf6×e4**
13.	**Sc3×e4**	**Sd7–e5**
14.	**b2–b3**	**Ta8–d8**
15.	**Lc1–e3!**	

Dieser Schlag gegen die zweite Schwäche von Schwarz zerstört dessen Stellung. Die weiteren Züge sind erzwungen.

15.	**...**	**b6–b5**
16.	**Dd4–b6**	

Larsen vermindert den Druck keine Minute lang. Indem er die Partie ins Endspiel hinüberlenkt, demonstriert er die Hilflosigkeit seines Partners.

16.	**...**	**Dc7×b6**
17.	**Le3×b6**	**Td8–d7**

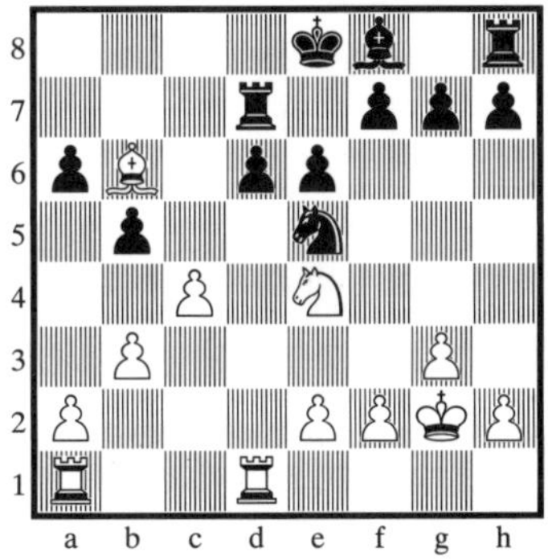

Das sich ergebende Endspiel ist hoffnungslos für Schwarz. Sein Damenflügel ist sehr schwach und der Entwicklungsvorsprung des Gegners enorm. Es folgt ein kurzer Schluß.

18.	**c4×b5**	**a6×b5**
19.	**Ta1–c1**	

Es droht Turmschach auf c8.

19.	**...**	**f7–f6**
20.	**Tc1–c8+**	**Ke8–f7**
21.	**f2–f4**	

Auch das noch!

21. ... Se5–g4

Oder es folgt 21. ... Sg6 22. Sc5.

22. h2–h3 d6–d5

Das führt zu Materialverlusten, aber es gibt keinen Ausweg. Auf 22. ... Sh6 geschieht 23. Sc5.

23.	**h3×g4**	**Td7–b7**
24.	**Td8×f8+**	**Kf7×f8**

25. Lb6–c5+ Kf8–g8
26. Se4–d6 Tb7–b8
27. f4–f5 e6×f5
28. g4×f5 h7–h6
29. Lc5–a7 Tb8–d8
30. Sd6×b5 Kg8–h7
31. a2–a4 Th8–e8
32. Sb5–d4 Te8–e4
33. a4–a5

Schwarz gab auf.

Partie Nr. 19
Andersson – Sokolow
Bilbao 1987

1. Sg1–f3 Sg8–f6
2. c2–c4 b7–b6
3. g2–g3 c7–c5
4. Lf1–g2 Lc8–b7
5. 0–0 e7–e6
6. Sb1–c3 d7–d6
7. b2–b3!?

Großmeister U. Andersson wendet häufig diesen äußerlich anspruchslosen Zug in verschiedenen Varianten „seines“ Systems an. Nach 7. b3 will Weiß durchaus nicht seinen Läufer unbedingt nach b2 stellen. Manchmal wirkt er mit großem Effekt vom Feld a3 aus, indem er den Bauern d6 angreift.

7. ... Sb8–d7

Schwarz erwartet frühzeitig den Zug La3 (nach d4 cd4:, Dd4:) und versucht dann, die Bedrohung seines d-Bauern durch Sd7–c5 abzuwehren.

8. Lc1–b2 Lf8–e7
9. d2–d4 c5×d4

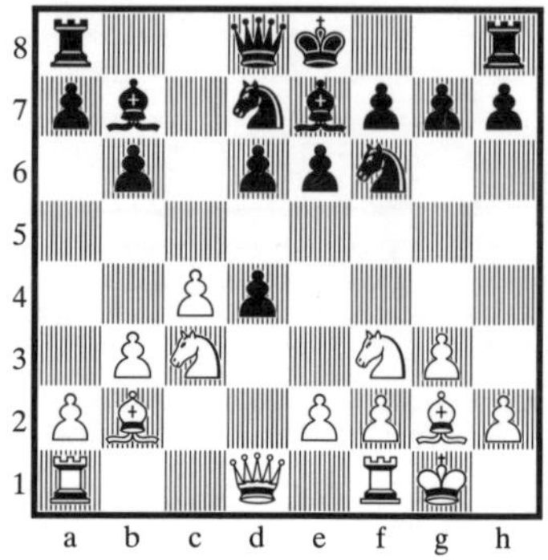

10. Sf3×d4!

Genau so! Jetzt, da der schwarze Springer bereits auf d7 steht, tauscht Weiß die weißfeldrigen Läufer, und die Schwäche des Gegners auf c6 wird Realität.

10. ... Lb7×g2
11. Kg1×g2 Dd8–c7
12. e2–e3

Weiß bereitet den Damenausfall nach f3 vor, wonach Schwarz eines aktiven Gegenspiels beraubt wird. Um den Vorstoß b6–b5 vorbereiten zu können, muß die Dame auf b7 stehen, aber sie ist an den Punkt c7 gefesselt, wo sie gemeinsam mit dem Turm c8 das Feld c6 bewachen muß. Gleich 12. ... Db7+ zu spielen, gefällt Schwarz nicht, weil der Damentausch Weiß nützen würde. Das zeigte zum Beispiel in einer analogen Situation die Partie Karpow – Gheorghiu. Zehn Züge später muß Schwarz übrigens in den Damentausch einwilligen ...

12. ... a7–a6
13. f2–f4 0–0
14. Dd1–f3 Ta8–c8
15. g3–g4!

In der Regel unternimmt Weiß solche Vorstöße bei „erstarrtem“ Zentrum. Hier ist die Lage eine andere, denn die weißen Figuren dominieren in der Brettmitte. Weil die „sizilianische“ Reaktion von Schwarz auf den Zug 15. g4 (b5, d5, e5) erschwert ist, bedroht Andersson nun den feindlichen König mit einem direkten Bauernsturm.

15. ... Sd7–c5
16. g4–g5 Sf6–d7
17. Ta1–d1 Tf8–e8
18. h2–h4 Le7–f8
19. Td1–d2 Sd7–b8
20. Tf1–d1 Sb8–c6
21. Sd4×c6 Dc7×c6
22. Df3×c6 Tc8×c6

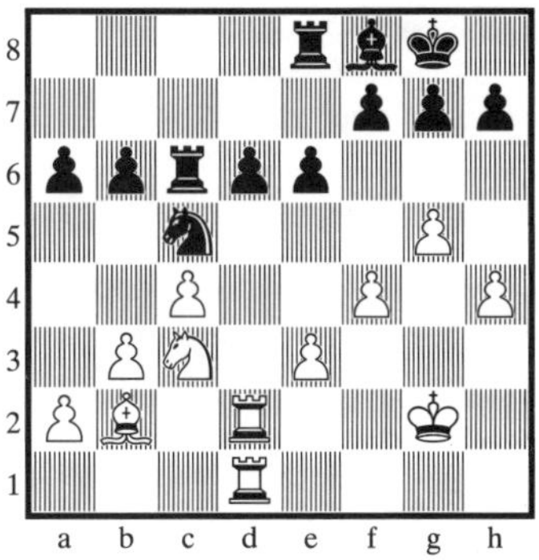

23. Lb2–a3!

Der schwedische Großmeister ist von sich überzeugt. Er leitet den Kampf ins Endspiel über, in dem er einen guten Springer und der Gegner einen unwichtigen Läufer hat.

23. ... Lf8–e7
24. La3×c5 b6×c5

Jetzt tritt in der schwarzen Stellung deutlich die Schwäche auf d6 zutage, denn das Schlagen 24. ... dc? war für den Nachziehenden noch trostloser.

25. Sc3–e4 Te8–d8
26. Kg2–f3

Das nächste Glied im Plan von Weiß ist der Vormarsch des f-Bauern.

26. ... Kg8–f8
27. Kf3–g4 Kf8–e8
28. f4–f5! e6×f5+
29. Kg4×f5 Ke8–f8
30. Kf5–g4 Kf8–e8

Schwarz ist dazu verurteilt, passiv mit anzusehen, wie Weiß seine Stellung verstärkt. Es droht nun der Vorstoß des h-Bauern und das Lavieren der Türme gegen die schwarzen Bauern auf der d- und f-Linie.

31. Td1–f1 Td8–d7
32. h4–h5 Le7–d8
33. Tf1–d1 Ld8–e7
34. Se4–c3 Tc6–c7
35. Sc3–d5 Tc7–b7
36. Td1–f1 Le7–d8
37. Td2–f2 Ke8–f8
38. g5–g6 h7–h6

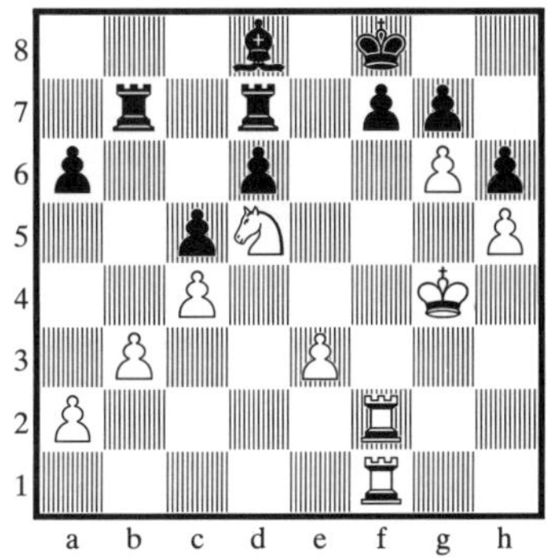

39. Tf2×f7+!?

Die Leichtigkeit, mit der solche Lösungen von den großen Endspielkünstlern wie S. Flohr, J.R. Capablanca und (von der heutigen Generation) U. Andersson sowie A. Karpow behandelt werden, bezaubert stets. Doch wenn das Endspiel mit Leichtfiguren nicht gewonnen wird, können die Früchte der vorangegangenen Arbeit von Weiß durch einen Zug zerstört werden.

39. ... Td7×f7
40. Tf1×f7 Tb7×f7
41. g6×f7+ Ke8×f7
42. Kg4–f5 Ld8–h4?

Großmeister Sokolow übersah offensichtlich die positionelle Drohung seines Gegners. Mehr praktische Chancen bot

Schwarz die Fortsetzung 42. ... a5. In diesem Falle mußte Weiß versuchen, seinen König so schnell wie möglich nach d5 zu bringen und mit dem Springer nach g6 zu gehen sowie anschließend den Zentrumsdurchbruch e3-e4-e5 verwirklichen. Aber Schwarz konnte dann auf gewisses Gegenspiel hoffen.

43. b3–b4!

Jetzt braucht Schwarz sich nichts mehr auszurechnen.

43.	**...**	**c5×b4**
44.	**Sd5×b4**	**a6–a5**
45.	**Sb4–d3**	**Lh4–d8**
46.	**e3–e4**	**Ld8–b6**
47.	**a2–a4**	**Kf7–e7**
48.	**Sd3–f4**	**Lb6–d4**
49.	**Sf4–e6**	**Ld4–c3**
50.	**c4–c5**	**d6×c5**
51.	**Se6×c5**	**Ke7–d6**
52.	**Sc5–d3**	**Lc3–a1**
53.	**e4–e5+**	**Kd6–d5**
54.	**Sd3–f4+**	**Kd5–c4**
55.	**e5–e6**	**La1–f6**
56.	**Sf4–g6**	

Schwarz gab auf.

Partie Nr. 20
Kortschnoi – Adorjan
Cannes 1986

1.	**Sg1–f3**	**c7–c5**
2.	**c2–c4**	**Sg8–f6**
3.	**Sb1–c3**	**e7–e6**
4.	**g2–g3**	**b7–b6**
5.	**Lf1–g2**	**Lc8–b7**
6.	**0–0**	

In dieser Stellung spielt Schwarz am häufigsten 6. ... Le7 und etwas seltener 6. ... Sc6. Sehen wir uns beide Fortsetzungen an:

a) 6. ... Sc6 7. e4.

Nichts bringt 7. d4 Sd4:! 8. Sd4: Lg2: 9. Kg2: cd 10. Dd4: Tc8 11. Lf4 Lc5 12. Dd3 0–0 13. Tad1 h6 14. e4 d6 15. b3 e5 mit gleichem Spiel (Andersson – Larsen, Bugojno 1984).

7. ... Db8! (Erschwert den Vorstoß e4–e5.) 8. d4 cd 9. Sd4: Sd4: 10. Dd4: Ld6! 11. Lg5 (auf 11. f4 folgt 11. ... Lc5) 11. ... Le5 12. Dd2 h6 13. Le3 0–0 14. Ld4 Ld4: 15. Dd4: e5. Schwarz hat seine Streitkräfte bequem postiert und das Spiel ausgeglichen. Weiter folgte in der Partie Smejkal – Larsen (Biel 1976) 16. Dd3 a6 17. Tfd1 Tc8 18. b3 Dc7 19. Tac1 Tab8 20. De5 Dc5 21. Dc5: bc mit ungefähr gleichen Aussichten.

Um dieser Variante auszuweichen, spielt Weiß heute 6. d4 cd 7. Dd4: Sc6 8. Df4 Le7 9. 0–0, um in das Hauptabspiel überzuleiten. Aber auch Schwarz besitzt zusätzliche Möglichkeiten: 8. ... Lb4 9. Ld2 0–0 10. 0–0 Le7! 11. Tfd1 d6 12. Tac1 Tc8 13. Le1 Tc7 14. e4 Td7 15. De3 Da8! (Friaz – de Firmian, USA 1985).

b) 6. ... Le7 7. d4 cd 8. Dd4: Sc6 9. Df4 0–0 10. Tfd1 Db8 ist der beste Weg für Schwarz.

(10. ... d6 würde es Weiß gestatten, die gegnerische Stellung einzuschnüren, zum Beispiel: 11. b3 Db8 12. Lb2 Td8 13. e4 a6 14. De3 Da7 15. Se1 Tab8 16. Sc2 La8 17. De2 Db7 18. a4!) 11. e4 Df4: 12. Lf4: Tfd8 13. e5 Se8 14. Sd4 Sa5? (Aufmerksamkeit verdient 14. ... Tac8) 15. b3 Lg2: 16. Kg2: d6 17. ed Ld6: 18. Ld6: Sd6: 19. Td2, und die weißen Chancen sind ein wenig besser (Karpow – Petrosjan, Mailand 1975).

Nach 8. ... d6 entsteht meist eine Situation wie auch in dieser Partie.

6.	**...**	**d7–d6**
7.	**d2–d4**	**c5×d4**
8.	**Dd1×d4**	**a7–a6**
9.	**Tf1–d1**	

Mit seinem 8. Zug leistet sich Adorjan nach Ansicht der Theoretiker als Kenner der Igelvariante eine wesentliche Ungenauigkeit.

Es wird eingeschätzt, daß Weiß nach 9. Le3! Sbd7 10. Sg5! Lg2: 11. Kg2: Le7 12. Sge4 Sc5 13. Tfd1 Sfe4 14. Se4: Se4: 15. Dc4: Tb8 16. Lf4 0–0 17. Tac1 Dc7 18. b4 positionell überlegen steht (Šahović – Gipslis, Jurmala 1976). Adorjan jedoch hat zu dieser Bewertung seine eigene Meinung, und Kortschnoi lenkt die Partie in die Hauptvariante hinüber.

9. ... Lf8–e7
10. Lc1–g5

An dieser Stelle gibt es noch die Möglichkeit 10. Sg5 und 10. b3. Die theoretischen Ideen dieser Fortsetzungen wurden in der Partie Kasparow – Ribli (Skelleftea 1989) näher untersucht.

10. ... Sb8–d7
11. Sf3–d2 Lb7×g2
12. Kg1×g2 0–0
13. Sd2–e4 Dd8–c7

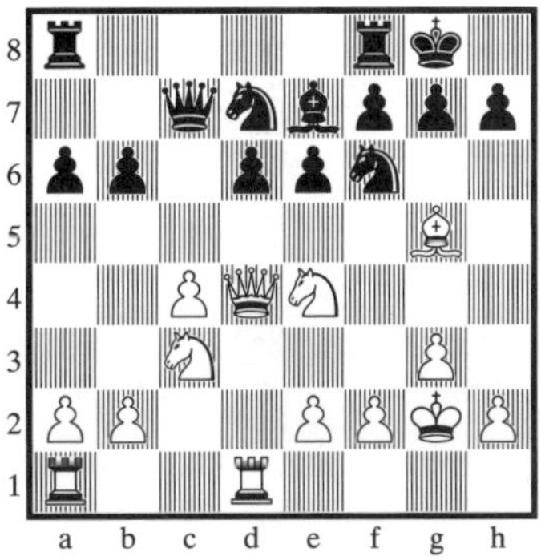

Der Bauer d6, die Hauptschwäche von Schwarz, ist angegriffen. Sehen wir uns an, ob es sich für Weiß lohnt, ihn zu schlagen.

14. Sd6: Tfd8, und weiter geschieht 15. Sde4 oder 15. b4.

1) 15. Sde4 (15. Lf4? e5 16. Sf5 Lc5) 15. ... Se5 16. De3 (auf 16. Sf6:? gf) 16. ... Sc4: 17. Td8: Td8: 18. Dc1 Se4: 19. Le7: De7: 20. Se4: Td4!, und Schwarz hat Initiative.

2) 15. b4 a5 16. ba Sc5 17. Scb5 Dc6 18. f3 Ta5: 19. e4 Tb5: 20. cb Dd6: 21. Dd6: Td6: 22. e5 Td1: 23. Td1: Sd5 24. Le7: Se3 25. Kg1 Sd1: 26. Lc5:, und Weiß gewinnt.

Möglicherweise kann das schwarze Spiel verstärkt werden, aber die drohenden Gefahren sind nicht zu unterschätzen.

Bedeutend besser ist die Fortsetzung 14. ... Tad8, wonach es für Weiß drei Möglichkeiten verschiedener Güte gibt.

1) 15. Sce4? h6! 16. Lf6: (nicht besser ist 16. Lf4 e5 17. Sf5 Lc5 18. Sc5: bc; 16. Sf6 Sf6: 17. Lf4 Lf6: 18. Ld6: Dc6 19. f3 Se8 20. c5 oder 16. Le3 Se4: 17. Se4: Sc5!) 16. ... Sf6: 17. Sf6: Lf6: 18. Df4 e5 19. Dd2 Le7, und Weiß verliert eine Figur.

2) 15. Sde4 Se5 16. De3 Sc4: 17. Dc1 Td1: 18. Sd1: Se4: 19. Le7: Tc8! mit schwarzer Überlegenheit.

3) 15. b4! Sb8! 16. c5 Sc6 17. Df4 Sb4: 18. Db4: (wenn 18. Sce4, so geschieht 18. ... Sbd5, weil auf 18. ... Tfd8 Weiß den Einschlag 19. Td5: anbringen kann, der die Schwäche des Punktes f7 ausnutzt) 18. ... bc 19. Db7 Ld6: 20. Da6: Le5, und die schwarzen Perspektiven sind etwas besser.

Diese Analysen Adorjans zeigen, daß es nicht lohnt, den schwarzen Bauern auf d6 zu nehmen.

14. Ta1–c1 Tf8–d8
15. Kg2–g1

Ein prophylaktischer Zug. Im weiteren Verlauf der Partie zeigt es sich aber, daß 15. f3 in dieser Hinsicht besser war.

15. ... h7–h6
16. Se4×f6 Le7×f6
17. Lg5×f6 Sd7×f6
18. b2–b3 Ta8–c8

Die Stellung ist sehr schwer zu beurteilen. Sollte es Weiß gelingen, die Drohungen d5 und b5 des Gegners zu unterbinden und Raum zu gewinnen, dann ist das Übergewicht auf seiner Seite.

19. f2–f3

Besser war es, dies bereits im 15. Zug zu tun. Auch die Fortsetzung 19. Sa4 b5! 20. cb Dc1: 21. Tc1: Tc1:+ 22. Kg2 ab 23. Db6 Tdc8 24. Db5: T8c2 bringt nichts ein, da die schwarzen Türme stärker als die Dame sind.

19. ... Dc7–b8

20. Dd4–d3

20. e4 kann Weiß wegen 20. ... b5 nicht durchsetzen: 21. cb ab 22. Db4 Tc5, und Schwarz hat ein gutes Spiel.
Auf 20. a4 folgt 20. ... d5.

20. ... Db8–a8

Ein abwartender Zug. Möglich war schon 20. ... d5 21. cd b5 22. d6 (ungefährlich für Schwarz ist auch 22. e4 b4! 23. Sa4 Tc1: 24. Tc1: ed 25. Td1 Td7! 26. Da6: [auf 25. Sc5 ist 25. ... Da7! gut] 26. ... de 27. Td7: Sd7: 28. fe Sf6, und Schwarz hat Kompensation für den Bauern) 22. ... Tc6 23. Se4 Tc1: 24. Sf6:+ gf 25. Tc1: Dd6: 26. Dd6: Td6: 27. Tc8+ Kg7 28. Ta8 Td2 29. Ta6: Te2: mit offensichtlichem Remis.

21. e2–e4 b6–b5!

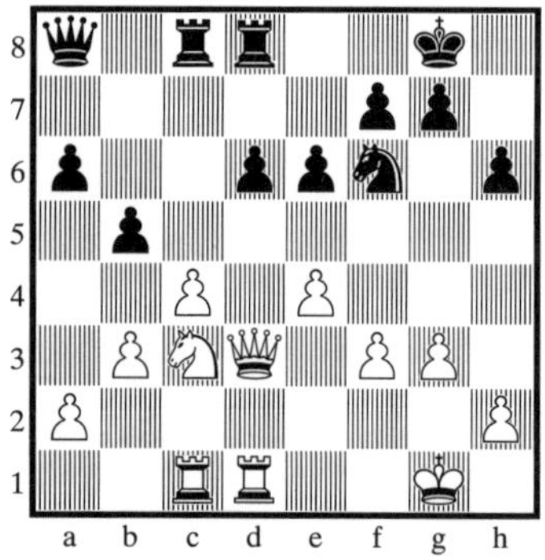

22. c4×b5 d6–d5

Weiß öffnete seine Königsstellung, und der Igel zeigt seine Stacheln (Adorjan).

23. e4–e5

Kortschnoi traf diese Entscheidung nach 45 minütigem Nachdenken. Schlecht wäre 23. ba? de 24. De3 ef, und der Angriff auf den weißen König ist nicht aus der Welt.

23. ... Sf6–d7

24. Dd3–e2

Weiß will eine weitere Schwächung seiner Stellung durch 24. f4 nicht zulassen, aber wahrscheinlich war 24. ba Se5: 25. De2 Sc6 nicht zu umgehen, wenngleich die Drohungen 26. ... Sb8 oder Sb4 die Lage von Schwarz als günstiger erscheinen lassen.

24. ... Tc8–c5!

25. a2–a4

Nach 25. ba Tdc8 26. De3 Da6: 27. f4 Da3! 28. Tc2 Db4 29. Td3 Sb8 und der Drohung 30. ... Sc6 würde Schwarz gewinnen.

25. ... Td8–c8

26. De2–e3 Da8–b8!!

Ein sehr schwer zu findender Zug.
Nach 26. ... ab 27. Sb5: Tc1: 28. Tc1: Tc1:+ 29. Dc1: Se5: hat Schwarz den Bauern zurückgewonnen, doch Weiß erlangt nach 30. Dc3 die Initiative.

27. f2–f4 Db8–b6

28. Kg1–g2

Es drohte 28. ... Tc3:

28. ... a6×b5

Auf 28. ... Tb5:? folgt 29. Sd5:!!, und es gewinnt Weiß.

29. Kg2–h3

Weiß will seinen König in Sicherheit bringen. Im Falle von 29. ab Da5 gewinnt Schwarz den Bauern zurück und bewahrt positionelle Überlegenheit.

29. ... Tc5–c6

Hier begann die Zeitnotphase.

30. De3×b6 Sd7×b6

31. a4–a5! Tc6×c3

32. a5×b6?

Ein Zeitnotfehler. Weiß stellte die Falle 32. ... Tc1:? 33. Tc1: Tc1: 34. b7!, in die Schwarz aber nicht hineintappt, konnte aber Rettungsaussichten im Turmendspiel nach 32. Tc3: Tc3: 33. ab Tc6 34. Tc1 Tb6:, und jetzt 35. Kg4 nebst h4 geltend machen.

32. ... b5–b4!

33. Kh3–g4

Jetzt hilft 33. Tc3: bc 34. b7 Tb8 35. Td3 c2! 36. Tc3 Tb7: 37. Tc2: Tb3: 38. Kg4 Kh7 39. h4 h5! 40. Kh3 Kg6 Weiß schon nicht mehr.

33. ... Kg8–h7

34. Tc1×c3 b4×c3

35. Tb1–c1

Auf 35. Kf3 gewänne 35. ... c2 36. Tc1 Tc3 nebst 37. ... Tb3:.

35. ... d5–d4

36. Kg4–f3 d4–d3

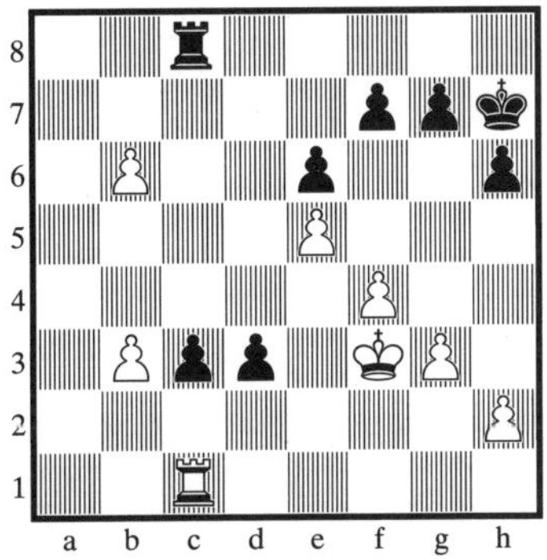

37. b6–b7 d3–d2

Der schöne Schlußakkord.

38. b7×c8D d2×c1D

39. Dc8–c4 Dc1–d1+

Weiß gab auf.

Partie Nr. 21

Psachis – Waganjan

Lwow 1984

1. c2–c4 Sg8–f6

2. Sg1–f3 c7–c5

3. Sb1–c3 d7–d5

4. c4×d5 Sf6×d5

5. e2–e4

Eine der schärfsten Varianten der Englischen Eröffnung, die mit 5. e4 beginnt, wird in den Partien Polugajewski – Tal (Riga 1979), Seirawan – Kuligowski (Wijk aan Zee 1983) und Kasparow – Kortschnoi (Skelleftea 1989) vorgestellt.

5. ... Sd5–b4

6. Lf1–c4

In jüngster Zeit wendet sich Weiß in dieser Stellung immer mehr dem Zug 6. Lb5+ zu, wonach die Ereignisse stark forcierten Charakter tragen. Für den später geopferten Bauern erhält Weiß prächtige Angriffschancen (siehe Partie Nr. 24 Kasparow – Kortschnoi).

6. ... Sb4–d3+

7. Ke1–e2 Sd3–f4+

8. Ke2–f1 Sf4–e6

9. b2–b4 c5×b4

Alle diese Züge werden genauer in der Partie Seirawan – Kuligowski analysiert.

10. Sc3–e2

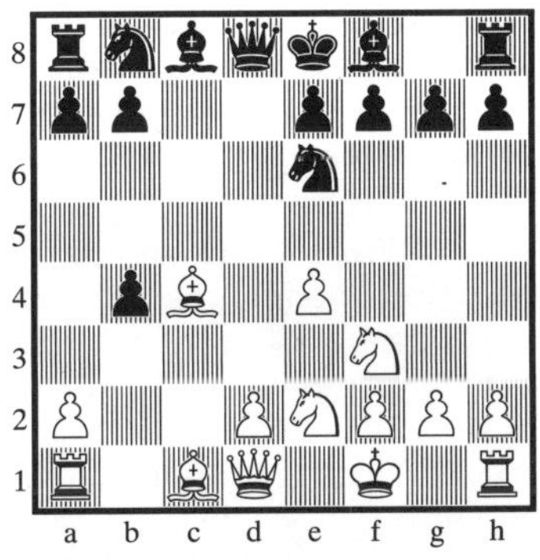

Die beste Fortsetzung. Nach 10. Sd5 gewinnt Weiß seinen Bauern zurück, doch Schwarz bekommt dafür genügend Gegenspiel. In dieser Gambitvariante, die in den vergangenen Jahren ausgearbeitet wurde, besitzt Weiß ausgezeichnete Möglichkeiten, seine Streitkräfte zu mobilisieren und zum Angriff überzugehen.

10. ... Se6–c7

Dieses Manöver wird heute für das beste gehalten. Schwarz probierte an dieser Stelle verschiedene Fortsetzungen:

1) 10. ... Dc7 (schlecht im Vergleich zur Variante mit 10. Sd5 ist 10. ... g6 11. Lb2 Lg7 wegen 12. Le6: Lb2: 13. Lf7:! Kf7: 14. Db3 e6 15. Db2: Sc6 16. Sg5+! und Weiß gewinnt, 16. ... Kg8 17. Dh8:) 11. Lb2! Dc4: 12. Tc1 De4: 13. Tc8:+ Kd7 14. Tc4 Dd5 15. Se5+ Ke8 16. Kf4 Db5 17. Se6: fe 18. Da4, und Schwarz gab auf (Loginow – Sideif-Sade, Baku 1983).

2) 10. ... Sd7 11. Le6:.

Weiß nutzt die Möglichkeit, sogleich die schwarze Bauernstruktur zu zerstören. Gut ist auch 11. d4 Sb6 12. Ld3 g6 13. h4 Lg7? (besser ist 13. ... h5) 14. h5 gh 15. Le3 Ld7 16. Tb1 a5 17. d5 Sf8 18. Sf4 (Lerner – Smejkal, Bratislava 1983)

11. ... fe 12. d4 e5 13. Db3! ed 14. Sg5! Se5 15. Lf4 h6 16. Le5: hg 17. Td1, und Schwarz hatte eine schwere Stellung (Dshindshaschwili – Peters, USA 1984).

3) Etwas besser ist 10. ... Sc5 11. Dc2 e6 12. Lb2 Ld7 13. Te1 La4 14. Db1 b5 15. Ld5! ed 16. ed Le7 17. Lg7: Tg8 18. Dh7:, und Weiß attackiert den unrochierten König von Schwarz (Loginow – Taschchodshajew, Taschkent 1984).

11. d2–d4 e7–e6

12. Lc1–b2

In einer Partie gegen Grünberg (Talberg 1986) begann Kasparow hier mit Weiß unverzüglich mit dem Angriff am Königsflügel: 12. h4 Sd7 13. Lg5 Le7 14. Tc1 Sb6 15. Ld8 f6 16. Lf4 Sa6 17. h5 0–0 18. Db3 Ld3 19. Sg3 Kh8 20. Sh4, und der schwarze König befand sich in einer gefährlichen Lage.

Auf andere Art und Weise verteidigte sich Schwarz in der Begegnung Hübner – Tukmakow, Wijk aan Zee 1984): 12. h4 Ld6 13. h5 h6 14. Th4 Sd7 15. Lb2 Le7 16. Th3. Die Initiative von Weiß rechtfertigt auf jeden Fall den geopferten Bauern.

12. ... Sb8–d7

Die Figuren von Schwarz drängen sich auf den letzten beiden Reihen zusammen, aber die Stellung des Nachziehenden ist recht fest, und Weiß muß seine Entwicklung erst noch beenden. Deshalb ist eine eindeutige Bewertung der Stellung nicht möglich. Die Theorie gibt aber dennoch der weißen Lage den Vorzug.

13. h2–h4 Sd7–f6

14. Lc4–d3 Lc8–d7

Schwarz beabsichtigt, die weißfeldrigen Läufer zu tauschen, was ihm die Verteidigung erleichtert.

15. h4–h5 h7–h6

16. Se2–f4

Aufmerksamkeit verdient 16. Se5.

16. ... Lf8–e7

17. Dd1–e2 a7–a6

18. Th1–h3 Le7–d6!?

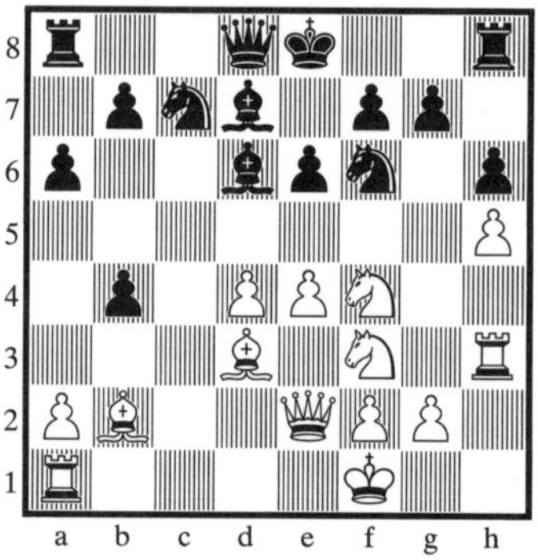

Schwarz hatte den Abtausch der weißfeldrigen Läufer mittels 18. ... Ld7–b5 vor, doch nach 19. d4–d5 bekäme Weiß gefährliche Initiative. Der Textzug Waganjans berücksichtigt die Folge 19. e5 Sfd5! 20. ed Sf4: 21. dc De7 und 22. ... Sd3:. Doch auch hier ist die weiße Stellung nach 20. Sd5: Sd5: 21. ed Sf4

22. De5 Sd3: 23. Dg7: Tf8 24. Lc1 Sc1: 25. Tc1: Lc6 vorzuziehen.

19. De2–d2 Ld6×f4
20. Dd2×f4 Ld7–b5
21. Ta1–d1 Lb5×d3+
22. Td1×d3 Dd8–e7
23. d4–d5

Mit einer Serie von Vereinfachungen erleichterte Schwarz sich die Verteidigung, und Weiß beschließt, die Stellung zu verschärfen, da der Gegner noch nicht rochiert hat.
Man konnte den Druck mittels 23. Se5 verstärken.

23. ... e6×d5
24. Lb2×f6 Sc7–e6

Dieser Zwischenzug war Weiß wahrscheinlich entgangen.

25. Df3–e3 g7×f6
26. e4×d5 Se6–c5
27. De3×e7+ Ke8×e7
28. Td3–d1 Ke7–d7

Die Bauern f6 und f7 von Schwarz sind schwach, aber die Übermacht der Freibauern am Damenflügel gibt ihm Gewinnchancen.

29. Th3–h4 a6–a5
30. Sf3–d4 Sc5–a4
31. Sd4–f5 Sa4–c3
32. Td1–d2 Ta8–e8
33. Th4–f4 Te8–e5
34. Sf5–e3 f6–f5
35. g2–g4?

Ein Fehler. Nach 35. Sc4 Te4 36. Te4: fe 37. Sa5: Ta8 38. Sb7: hätte Weiß Remis halten können.

35. ... Sc3–e4
36. Td2–c2 Se4–d6
37. g4×f5 Th8–c8

Weiß gewann seinen Bauern zurück, aber die Chancen von Schwarz überwiegen wegen des Vorteils am Damenflügel.

38. Tc2×c8 Kd7×c8
39. Kf1–e2 Kc8–d7
40. Ke2–d3 Te5–e8
41. Se3–g4

Es droht der Schwenk des schwarzen Turms auf die c-Linie, wogegen es keine Verteidigung mehr gibt.

41. ... Te8–c8
42. Sg4×h6

Nichts hilft 42. Se5+ Kd8 43. f6 Tc3+ 44. Kd4 Tc2.

42. ... Tc8–c3+ ●●
43. Kd3–d2 Tc3–a3
44. Sh6–g4 Ta3×a2+

Weiß gab auf, da der a- und b-Bauer nicht aufzuhalten sind.

Partie Nr. 22
Polugajewski – Tal
Riga 1979

1. Sg1–f3 c7–c5
2. c2–c4 Sg8–f6
3. Sb1–c3 d7–d5
4. c4×d5 Sf6×d5
5. e2–e4

Diese Variante ist eine der aktuellsten in der Englischen Eröffnung.

5. ... Sd5–b4

Gilt als prinzipiellster Zug. Die in seinem Ergebnis entstehenden Stellungen sind ungewöhnlich scharf.
Gespielt wird auch 5. ... Sc3:. Nach 6. dc Dd1: 7. Kd1: Sc6 erhält Schwarz eine zwar nicht initiativreiche, aber feste Stellung.
Im gleichen Jahr spielte Tal in Montreal gegen Timman so. Nach 8. Le3 e6 9. a4 b6 10. Sd2 Lb7 11. Sc4 0–0–0 12. Kc1 Le7 13. f3 f5 14. ef ef 15. Ke2 bekam Weiß die besseren Chancen.
Auch bei anderen Antworten im fünften Zug muß Schwarz beharrlich um den Ausgleich kämpfen. Es scheint, als

müßte er 5. ... Sb4 ziehen, um ein gleichwertiges zweischneidiges Spiel zu erreichen.

6. Lf1–c4

Dieser Zug und 6. Lf1–b5 erfreuen sich wechselseitiger Beliebtheit.

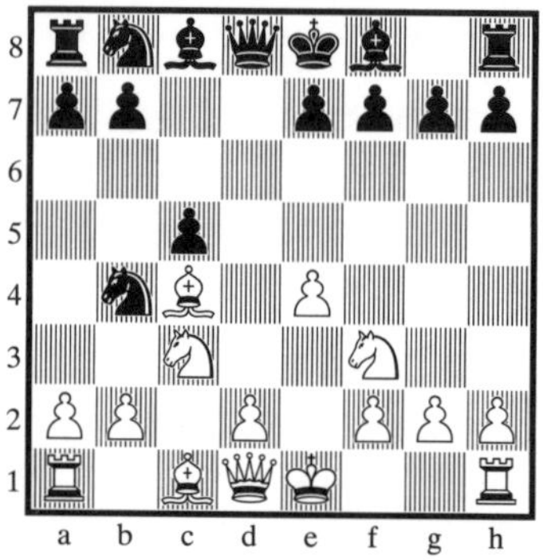

6. ... Lc8–e6

Damals, als diese Partie gespielt wurde, der letzte Modeschrei. In der heutigen Zeit ist folgende originelle Idee am beliebtesten: 6. ... Sd3+ 7. Ke2 Sf4+ 8. Kf1 Se6. Schwarz führte von den bisherigen acht Eröffnungszügen allein sechs mit seinem Springer aus. Dafür kontrolliert er das wichtige Feld d4 und verdarb Weiß die Rochade.

7. Lc4×e6 Sb4–d3+
8. Ke1–f1 f7×e6
9. Sf3–g5

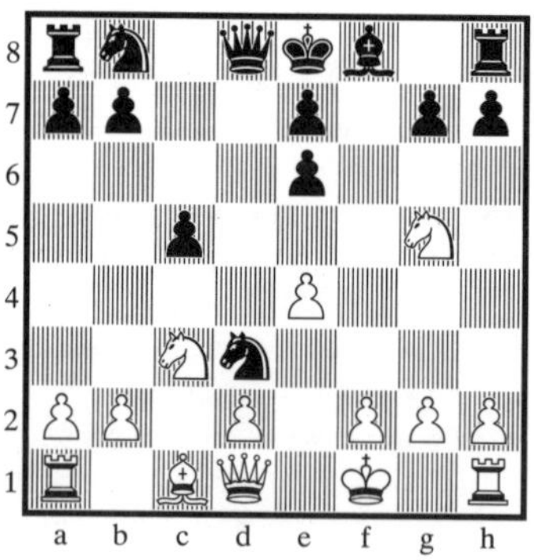

Im Ergebnis der ersten Zusammenstöße erhielt Schwarz notgedrungen auf der e-Linie einen Doppelbauern aber als Äquivalent den starken Springer auf d3.

Nichts bringen Weiß anstelle von 9. Sg5 folgende Fortsetzungen ein:

1) 9. Se1 Sc6 10. Sd3: Dd3:+ 11. De2 Dd7 12. d3 0–0–0 13. Le2 b6 14. Td1 g6 (O'Kelly – Palatnik, Solingen 1976).

2) 9. Db3 Dd7 10. Sg5 Sc6 11. De6: De6: 12. Se6: Kd7 13. Sg5 h6 14. Sf3 g5, und Schwarz besitzt Kompensation für den geopferten Bauern (Schuschkowski – Silberstein, Krasnodar 1982).

9. ... Dd8–b6!?

Eine sehr interessante Neuerung, die ihre Bedeutung bis in die heutige Zeit bewahrt hat.

Aktuell ist auch 9. ... Dd7 10. Df3 (10. Dg4? Sc6! 11. Se6: Sd4 12. Sg7:+ Lg7: 13. Dg7: 0–0–0) 10. ... Se5 11. Dh3 Dd3+ 12. Dd3: Sd3: 13. g3! Sc6 14. Se6: Kd7 15. Sf4 Sf4: 16. gf g6 17. d3 Lh6 18. h4! Thf8 19. Se2! Sd4 20. h5! Weiß etwas besser. Interessant wäre es, einmal 13. ... e5! zu prüfen.

10. Dd1–e2

Nicht der beste Zug. Nach der Partie Polugajewski – Tal probierte Weiß auf der Suche nach einer Verstärkung seines Spiels viele Möglichkeiten aus. Die beste von ihnen beginnt mit 10. Df3.

Nach 10. ... c4 11. b3 h6 (Auf 11. ... Da6 empfiehlt Gheorghiu 12. a4 cb 13. Sb5 b2 14. Dd3: und nach 12. ... Kd7 13. Sb5! Sc6 14. bc Sce5 15. Dg3 Dc6 16. Lb2!) 12. bc Sc1:? 13. Sf3! Tg8 14. Se5! Db2 15. Df7 Kd8, geht der Angriff im Stile der alten Meister weiter: 16. Tc1: Dc1:+ 17. Ke2 Dh1: 18. Dd6: Dh2: 19. Sf7+ Ke8 20. Sb5 (Tukmakow – Peschina, Vilnius 1980).

Auch Schwarz bemühte sich, sein Spiel zu verstärken: 11. ... Se5 12. Dh3+ Sd3 13. Df3 Se5 14. De3 cb 15. ab Db3: 16. d4 Sf7 17. Dd3 Db6 18. Ke2 Sg5:

19. Lg5: Sc6 20. Le3 (Lewin – Silberstein, Tschirtschik 1983). Weiß erhielt für den Bauern klaren Stellungsvorteil.

10. ... c5–c4

11. b2–b3

Wenn es Weiß gelingt, den Springer von d3 zu vertreiben oder aber ihn gegen den Läufer auf c1 zu tauschen, bekommt er deutlichen Vorteil. Schwarz kann aber auf taktischem Wege seinen Vorposten behaupten.

11. ... h7–h6

Schwarz verdrängt die einzige gut stehende weiße Figur. Das Schach durch Dh5 beunruhigt ihn nicht, da sein König auf d7 einen sicheren Platz einnimmt. Auch folgende Variante geht nicht für Weiß: 12. Sa4 Dd4 13. Se6: Da1: 14. Dh5+ g6! (14. ... Kd7 15. Dd5+ Kc8 16. Dd8 matt) 15. Dg6: Kd7, und Schwarz steht besser.

12. Sg5–f3 Sb8–c6

13. b3×c4 0–0–0

Die Beurteilung der Stellung hängt in vielem von der Variante ab, die mit 14. Sd5 beginnt. Nach 14. ... ed 15. Dd3: hat Schwarz den Zwischenzug 15. ... Sb4 zur Verfügung, und im Ergebnis der forcierten Operation 16. Dc3 de 17. Se5 g5 18. Sf7 Lg7 19. Dg7: Sd3 besetzt der andere Springer das Bestimmungsfeld d3. Als Antwort auf 14. La3 plante Schwarz 14. ... g5. Somit ist nicht recht klar, wie Weiß seine Stellung stabilisieren kann. Schwarz muß nur die Entwicklung vollenden, die f-Linie besetzen, und sein Angriff wird sehr gefährlich.

14. g2–g3 g7–g5

15. Kf1–g2

Der Abtausch 15. Sd5 ed 16. Dd3: Lg7 17. e5 Thf8 verheißt Weiß gar nichts. Jetzt droht 16. Se1, wogegen der nächste schwarze Zug gerichtet ist.

15. ... Db6–c5

Auf 16. Se1 geschieht 16. ... Dc4:, und der Punkt d3 ist fest in schwarzer Hand.

16. Ta1–b1 Lf8–g7

Polugajewski spürt, daß er seine Lage prophylaktisch nicht stabilisieren kann und geht zum Gegenangriff über.

17. Sc3–b5 Dc5×c4

18. De2–e3 Th8–f8

Schwarz ignoriert die Drohung des Schlagens auf a7. Nach 19. Sa7:+ Sa7: 20. Da7: entscheidet sofort 20. ... De4:.

19. Th1–f1 g5–g4

Das weitere forcierte Spiel ist von Schwarz genau durchgerechnet worden.

20. Sf3–h4

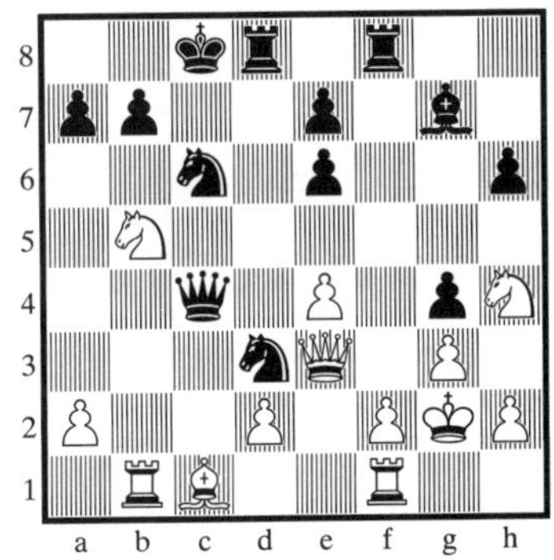

20. ... Sd3×f2!

21. Sh4–g6

Völlig unannehmbar für Weiß wäre 21. Tf2: Tf2:+ 22. Kf2: Tf8+ oder 22. Df2: De4:+.

21. ... Td8–d3!?

Das Feld d3 wird von Schwarz in dieser Partie vielfältig genutzt. Bedeutend schwächer ist 21. ... Tf3, weil Weiß nach 22. Sa7:+ Sa7: 23. Da7: De4:+ die Möglichkeit 24. Se7:+ Kc7 25. Db6+ Kd7: 26. Db7:+ besitzt. Jetzt fällt der Bauer e4 mit Schach.

22. Sb5–a3 Dc4–a4

23. De3–e1 Td3–f3

Und wieder droht der schwarze Springer, nach d3 zu gehen, jetzt bereits mit entscheidendem Effekt.

24. Sg6×f8 Sf2–d3
25. De1–d1

Im Falle von 25. De2 Sd4 25. Dd1 Dd1: 26. Td1: Tf2+ mit nachfolgendem Sf3 würde Schwarz mattsetzen.

25. ... Da4×e4
26. Tf1×f3 g4×f3+
27. Kg2–f1 De4–f5
28. Kf1–g1 Lg7–d4+

Weiß gab auf.

Partie Nr. 23
Seirawan – Kuligowski
Wijk aan Zee 1983

1. c2–c4 c7–c5
2. Sg1–f3 Sg8–f6
3. Sb1–c3 d7–d5
4. c4×d5 Sf6×d5
5. e2–e4 Sd5–b4
6. Lf1–c4 Sb4–d3+

Die Variante 6. ... Le6 wurde in der Partie Polugajewski – Tal (Riga 1979) vorgestellt.

7. Ke1–e2 Sd3–f4+

Schlecht wäre natürlich 7. ... Sc1: 8. Te1, und Weiß besitzt großen Entwicklungsvorsprung.

8. Ke2–f1 Sf4–e6
9. b2–b4

Weiß bemüht sich nach dem Befragen des Bauern c5, seinen Entwicklungsvorteil zu nutzen, den er auf Grund der Manöver des schwarzen Springers erhalten hat. Schwarz hält seinerseits den Punkt d4 fest.

9. ... c5×b4

In der Partie Seirawan – Miles (London 1982) opferte Schwarz hier einen Bauern: 9. ... g6 10. bc Lg7 11. Le6:! Le6: 12. d4 Sc6 13. Le3 Lg4?. Weiß erhielt danach Eröffnungsübergewicht, doch in der Folgezeit werden neue Möglichkeiten für Schwarz gefunden: Nach 13. ... Da5 14. Dd2 (Aufmerksamkeit verdient 14. Tc1) 14. ... 0–0–0 15. Tc1 f5 16. ef ef 17. De2 Db4 18. Kg1 Dc4 19. De1 Thg8 ist eine zweischneidige Stellung möglich (Ftačnik – Pinter, Prag 1985).

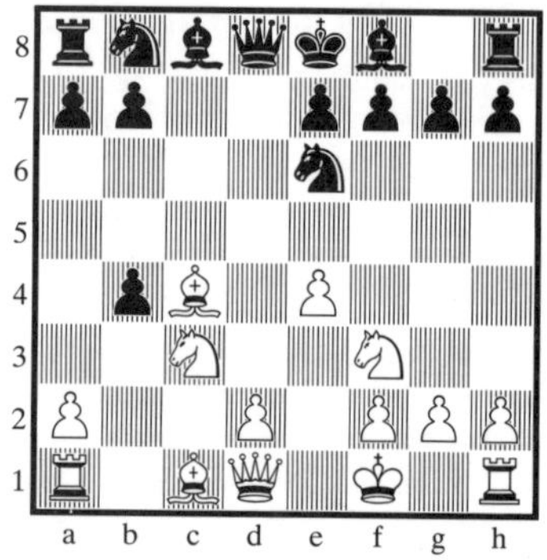

10. Sc3–d5

In jüngster Zeit wird dieser Zug immer mehr durch das Manöver 10. Sc3–e2 verdrängt. Weiß gewinnt in dieser Variante nicht den Bauern b4 zurück, sondern nutzt die Chance, ein starkes Zentrum zu errichten und den Angriff zu organisieren. Nach 10. ... Sc7 (was als stärkstes gilt) 11. d4 e6 12. h4 – Weiß geht, weil der Gegner kurz rochieren will, zum Angriff über, in den sogleich der Turm einbezogen wird – 12. ... Ld6 13. h5 h6 14. Th4 Sd7 15. Lb2 Le7 16. Th3 ist es nicht einfach, die Stellung zu beurteilen.

Weiß hat für den Bauern eine prächtige Entwicklung und ein starkes Zentrum. In der Begegnung Hübner – Tukmakow (Wijk aan Zee, 1984) geschah weiter 16. ... Sf6 17. Ld3 Ld7 18. Se5 Lb5 19. Kg1 0–0 20. Sf4 Tc8 21. Tg3. Die weißen Figuren stehen äußerst aktiv, doch wer will die komplizierte Lage beurteilen? Nur die weitere Erprobung der Variante kann endgültigen Aufschluß und Bewertung geben.

Verwiesen sei in der Variante, die mit 6. Lc4 Sd3+ 7. Ke2 Sf4+ 8. Kf1 Se6 beginnt, auf die alte Fortsetzung 9. Se5. Sie wurde erstmalig in der Partie Awerbach – Bondarewski (Moskau 1946) angewendet. Mittlerweile gibt es einen großen Erfahrungsschatz über die Anwendung dieses Zuges in der Turnierpraxis. Als Beispiel bringen wir den Anfang einer Partie zwischen Sisniega und Pinter (Taxco 1985): 9. ... Dd6 10. Da4+ (Aufmerksamkeit verdient auch 10. f4) 10. ... Sc6 11. Lb5 Sd4 12. Sc4 Db8 (Bagirow empfiehlt 12. ... Dd8) 13. Lc6: bc 14. d3 Ld7 15. Dd1 e5 16. b3 f6 17. La3 Sb5 18. Sa4 mit leichter weißer Überlegenheit wegen der schwachen Bauern c5 und c6.

10. ... g7–g6
11. Lc1–b2

Keinen Erfolg hatte Sweschnikow mit seinem Bauernopfer im Sinne des Wolga-Gambits 11. a3 in einer Partie gegen Arnasson (Sotschi 1980): 11. ... Lg7 12. Tb1 Sc5!. Noch ein Zug des unermüdlichen Springers. 13. Dc2 Sc6 14. Sb4: (14. ab Se4:! 15. b5 Sa5 16. Sc7 Dc7: 17. Lf7: Kd8 18. De4: Lf5, und Schwarz hat ein gutes Spiel) 14. ... 0–0 15. Sc6: bc 16. d3 (16. Lf7:? Tf7: 17. Dc5: Dd3+) 16. ... Lg4. Schwarz erhielt prächtiges Gegenspiel.

11. ... Lf8–g7
12. Lb2×g7 Se6×g7
13. Sd5×b4 Sb8–d7

Anstelle von 13. Sb4: wurde auch 13. Dc1 gespielt und damit eine Falle gestellt (auf 13. ... 0–0 geschieht 14. Sc7). Weiter folgte in der Partie Seirawan – Peters (USA 1981) 13. ... Sc6 14. d4 Le6 15. h4 Tc8 16. h5 Sh5: 17. Dh6 Sd4: oder in dem Treffen Kotschijew – Tukmakow (Moskau 1983) 13. ... h5 14. Df4 Se6 15. De3 Sa5 16. Ld3 Dd6 17. g3 Ld7 mit sehr komplizierter Stellung in beiden Fällen.

Als günstiger gegenüber 13. ... Sd7 gilt 13. ... 0–0. Diese Fortsetzung wurde gleichzeitig in den Kandidaten-Matches Hübner – Portisch und Kortschnoi – Polugajewski im Jahre 1980 gefunden. Hübner spielte 14. d4 Lg4 15. Dd2 Lf3: 16. gf Sc6 17. Sc6: bc 18. f4 e6 19. De3 Df6 20. Le2 Tfd8 21. Tad1 Tab8, und in der sich ergebenden Stellung lag der Vorteil bei Schwarz.

Auch Polugajewskis Versuch, das weiße Spiel zu verstärken, hatte keinen Erfolg: 15. Ke2 Dd6 16. Dd2 Se6 17. Le6: De6: 18. Ke3 f5!, und es zeigte sich, daß 19. Se5 wegen 19. ... Sd7 20. f3 Se5: 21. de fe 22. fg schlecht ist, denn nach 22. ... Tad8 entscheidet 23. ... Db6. Die Partie ging so weiter: 19. Dd8 fe 20. De4: De4: 21. Ke4: Sd7 22. Thc1 Tf5, und Weiß hatte ein schweres Endspiel.

In der Folgezeit ließ Weiß die Fesselung des Springers auf f3 nicht mehr zu: 14. h3 e5! 15. g3 Le6 16. Tc1 Sd7 17. Sd5 Sf6 18. Sf6: Df6: 19. Kg2, und die Stellung ist ungefähr ausgeglichen (Seirawan – Sax, Linares 1983).

14. d2–d4 Sd7–b6
15. Lc4–b3 a7–a5
16. Sb4–d3 a5–a4
17. Lb3–c2 0–0

Und wieder verdiente 17. ... Lg4 Aufmerksamkeit.

18. h2–h3 Dd8–c7

Schwarz konnte sein Spiel durch Opfern des a-Bauern aktivieren: 18. ... f5! 19. Sc5 fe 20. La4: Sd5!

19. Ta1–c1 Lc8–d7
20. g2–g3 Sb6–c4
21. Kf1–g2 Ld7–b5

Vorzuziehen war 21. ... Da5 nebst Tfc8.

22. Sd3–c5 Dc7–b8
23. Tc1–b1

Weiß schützt sich vor dem Zug Sc4–b2.

23. ... Sc4–a3
24. Tb1–b2 b7–b6

Ungünstig ist 24. ... Da7 wegen 25. Ld3! und 24. ... Sc2: wegen 25. Tb5:.

25. Sc5×a4 Tf8–c8

Schwarz hat alle seine Streitkräfte auf den Damenflügel geworfen und den König praktisch ohne Verteidigung zurückgelassen. Deshalb startet Weiß nun einen Angriff am Königsflügel.

26. Lc2–b3! Db8–a7

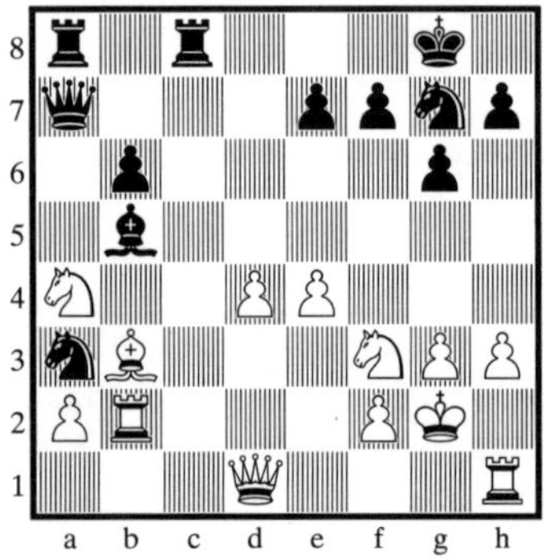

Es scheint, als sei der Springer verloren und Schwarz gewinnt, doch jetzt folgt:

27. Dd1–d2 Lb5×a4

Ansonsten geht der Springer nach c3 zurück.

28. Dd2–h6 La4×b3

29. Sf3–g5 f7–f6

Schwarz hat schon zwei Figuren mehr, doch sein König ist schutzlos.

30. Dh6×h7+ Kg8–f8

31. Tb2×b3 f6×g5

Nach 31. ... Ke8 32. Dg7: fg 33. Dg6:+ und 34. Dg5: ginge der Angriff weiter, und Weiß hätte vier Bauern für die Figur.

32. d4–d5! Sa3–c4

33. Dh7–h8+ Kf8–f7

34. Tb3–f3+ Sg7–f5

35. Dh8–h7+ Kf7–f6

Auf 35. ... Ke8 folgt 36. Dg6:+ Kd8 37. Tf5:.

36. e4×f5 Sc4–e5

37. Th1–e1

Weiß schaltet die letzten Kräfte in den Angriff ein und vollendet die Umzingelung des schwarzen Königs. Nach 37. fg+ Sf3: 38. Df7+ Ke5 ist nicht zu sehen, wie Schwarz mattgesetzt werden kann.

37. ... g5–g4

Es gibt keine Verteidigung mehr: 37. ... Th8 38. fg Sf3: 39. Df7 matt.

38. h3×g4 Da7–d7

Auch hier verliert 38. ... Th8 39. fg+ Sf3: 40. Df7+ Kg5 41. Df5+ Kh6 42. Th1+ Kg7 43. Df7 matt.

39. g4–g5+ Schwarz gab auf.

Partie Nr. 24

Kasparow – Kortschnoi

Skelleftea 1989

1. c2–c4 Sg8–f6

2. Sb1–c3 c7–c5

3. Sg1–f3 d7–d5

4. c4×d5 Sf6×d5

5. e2–e4 Sd5–b4

6. Lf1–b5+

Die modernste und auch aussichtsreichste Fortsetzung. Wir haben die mit 6. Lc4 beginnende Variante ausführlich in den Partien Polugajewski – Tal (Riga 1979), Psachis – Waganjan (Lwow 1984) und Seirawan – Kuligowski (Wijk aan Zee 1983) analysiert.

6. ... Sb8–c6

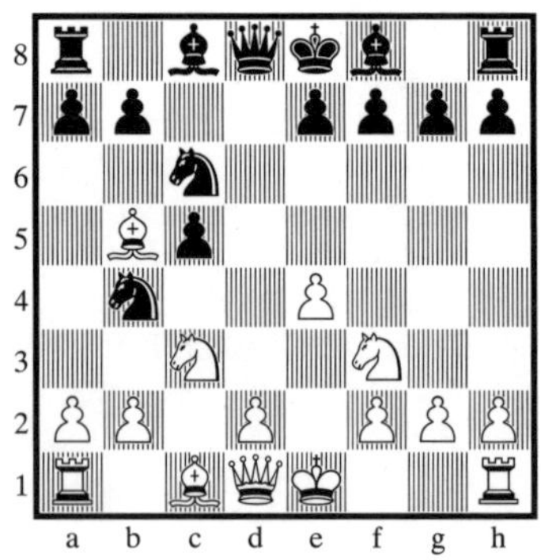

Die zweite und bis zum heutigen Tage sehr verpflichtende Möglichkeit an dieser Stelle ist 6. ... Ld7 7. a3 Lb5: (Aufmerksamkeit verdient 7. ... S4c6 8. d4! cd 9. Sd4: Sd4: 10. Dd4: Sc6 11. Dd3 a6 12. La4 Se5 13. Ld7: Dd7: 14. Dg3 – jetzt hat Weiß nach dem besten schwarzen Zug 14. ... f6 15. 0–0 e6 16. Td1 Df7 17. Lf4 Lc5! 18. Sd4 La7 19. f4 0–0 20. Le5: fe 21. Sc5 Lc5: 22. bc leichten Vorteil) 8. ab Ld3 9. Da4+ Sc6 (Geprüft wurde auch 9. ... Dd7 10. Se5! Da4: 11. Sa4: La6 12. b5 Lb5: 13. Sb6!, und Weiß verfügt über entscheidenden Vorteil) 10. b5 Sb4 11. b6+ Dd7 12. Dd7: Kd7: 13. Ta7:. Weiß besitzt einen Mehrbauern noch ohne ernsthafte Kompensation. Nach dem weiteren 13. ... Tb8 14. Se5+ Ke6 15. Sd3: Sd3:+ 16. Ke2 Sf4+ 17. Kf3 Sd3 18. Ke3 realisierte der Anziehende allmählich seinen Vorteil (Forintos – Farago, Budapest 1979).

Neben all dem weiter vorn Gesagten kann Weiß im 7. Zug Lb5–c4 spielen. Die beste Möglichkeit für Schwarz in diesem Falle wäre 7. ... Le6 mit Übergang in eine für Weiß nicht sehr günstige Variante (siehe Partie Polugajewski – Tal).

7. d2–d4!

Die anderen untersuchten Möglichkeiten 7. a3 und 7. d3 brachten Weiß keine besondere Freude.

7. ... c5×d4

8. a2–a3 d4×c3

Eine ernsthafte Untersuchung verdient 8. ... Ld7 und weiter 9. Sd4: Sd4: 10. Ld7:+ Dd7: 11. ab e6 12. Le3 Td8 13. 0–0 Lb4: 14. Ld4: Dd4: 15. Da4+ Ke7 16. Sb5 De4: 17. Tfe1 De1: 18. Te1: Le1: 19. Da3+ Kf6 20. Sd6 h6! (20. ... a5 21. Se4+ Ke5 22. Sg5 Kf6 23. h4! Lb4 24. Df3+, und Weiß gewann, Uhlmann – Lukacs, Berlin 1982) 21. h4 a5 22. Dg3 Ke7 23. Sb7: Td5, und Schwarz steht mindestens gleich (Gleiserow – Petrijenko, Swerdlowsk 1985).

Wahrscheinlich spielt Weiß nach 8. ... Ld7 am besten 9. ab dc 10. Db3 cb2: (schlechter wäre 10. ... Db6 11. Lc4 cb 12. Lf7: Kd8 13. Lb2: Db4+ 14. Db4: cb4 15. 0–0 e6 16. Tfd1 Ke7 17. La3! und Weiß dominiert) 11. Lb2: Db6 12. Lc6: Lc6: 13. 0–0 mit großen Verwicklungen.

9. Dd1×d8+ Ke8×d8

10. a3×b4

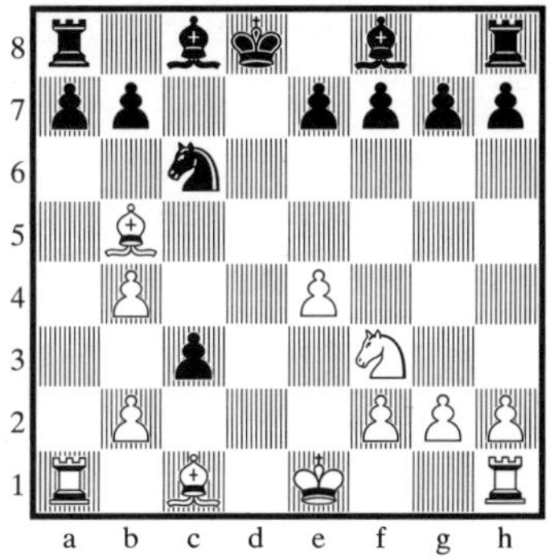

Diese aktuelle und scharfe Stellung wurde vielfach analysiert, ehe die weiße Überlegenheit festgestellt wurde. Aber auch die Möglichkeiten von Schwarz sind längst nicht erschöpft.

10. ... c3×b2

Schwarz kämpft, und sei es um den einen Bauern. Erprobt wurde auch 10. ... c2 (10. ... Ld7 führt zu klarem weißen Vorteil). Nach 11. Lc6: bc 12. Se5 Ke8 13. Le3 (nicht aber 13. Sc6:? Lb7 14. b5 a6 15. f3 e6 16. Le3 Ld6 17. Kd2 f5 18. ef ef 19. Sa7 Kf7 20. ba Ld5 21. Sb5 Lb4+ 22. Kc2: The8 23. Ld2 Ta2 mit vortrefflichem schwarzen Gegenspiel) 13. ... e6 14. Lc5!, behält Weiß nach dem Gewinn des Bauern c2 die besseren Möglichkeiten.

11. Lc1×b2 f7–f6

Heute gelten zwei andere Fortsetzungen für Schwarz als stärker: 11. ... Ld7, das Timman gegen Tal in Montpellier 1985 spielte, und 11. ... e6.

1) 11. ... Ld7 12. 0–0. (Der Versuch, den Entwicklungsrückstand des schwarzen Königsflügels mittels 12. Lc4 auszunutzen, wird folgendermaßen widerlegt: 12. ... e6 13. b5 Sa5!)
12. ... f6 13. Lc4 (13. Tfd1 e5 14. Le5: Lb4:! 15. Tab1 a5 16. Lc3 Ke7, und es ist nicht zu sehen, wie Weiß den Angriff fortsetzen soll; 13. e5? Se5: 14. Se5: Lb5: 15. Sf7 Ke8 16. Sh8: Lf1: 17. Kf1: g6, und die Drohung 18. ... Lg7 ist nicht zu parieren)
13. ... Sb4: (es drohte 14. b5, und der schwarze Zug ist im Grunde der einzig vernünftige) 14. e5! Tc8 15. Lf7! Tc2 16. Tfb1 Sd3! 17. Ld4 fe 18. La7: (zu prüfen ist 18. Le3!?) 18. ... e6 19. Tb7: Ld6 20. Le3 Sc5 21. Ta8 Ke7 22. Td7:, und die weiteren Vereinfachungen führen unweigerlich in den Remishafen.
2) 11. ... e6 12. 0–0 f6 (12. ... Lb4? 13. Tfd1 Kc7 14. Lc6: bc 15. Lg7: Tg8 16. Le5+ Kb6 17. Tab1 c5 18. Ld6 Lb7 19. Lc5:+! Kc5: 20. Tdc1+ Kb5 21. Sd4+ Ka5 22. Tc4! Le4: 23. Tbb4: Tg2:+ 24. Kf1 Ld3+ 25. Kg2: Lc4: 26. Tc4:. Im Ergebnis der forcierten Variante hat Weiß eine Figur für zwei Bauern gegeben und reelle Gewinnchancen)
13. e5! f5 14. Sd4 (interessant ist auch 14. Tfd1 Kc7 15. Lc6: bc 16. Lc3 Le7 17. Sd4 Td5 18. b5, und Weiß setzt den Königsangriff fort) 14. ... Sd4: (Aufmerksamkeit verdient 14. ... Sb4: 15. Tfd1 Sd5) 15. Ld4: Ld7 16. La7: Ke8 (16. ... Ta7:? ist fehlerhaft, denn nach 17. Ta7: Lb7: 18. Td1+ Kc7 19. Ta8! nebst Tdd8 gewinnt Weiß) 17. Ld7:+ Kd7: 18. Tfd1 Kc6 19. Tdc1 Kd7 20. Tc4! g5 21. b5, und der Anziehende hat Übergewicht.

12. e4–e5! Lc8–g4

Ein bereits erprobter Weg. Gespielt wurde auch schon 12. ... Ld7 13. Lc4! Tc8 14. Td1 Kc7 15. e6 Le8 16. b5 Sa5 17. Le2 Kb8 18. 0–0. Die Lage von Schwarz ist nicht leicht – der weiße Bauer e6 spaltet sein Lager in zwei Teile und stört die Entwicklung.

13. Lb5×c6 b7×c6
14. Sf3–d4 f6×e5
15. Sd4×c6+ Kd8–c7

Hier ist eine Neuerung. In der Partie Uhlmann – Szymczak, Warschau 1983, spielte Schwarz 15. ... Ke8 16. 0–0, und Weiß hatte deutlichen Stellungsvorteil.

16. Sc6×e5 Lg4–h5
17. 0–0

Weiß hat das materielle Gleichgewicht wieder hergestellt, und wegen seiner besseren Entwicklung und der ungünstigen Lage des schwarzen Königs verdienen seine Aussichten klar den Vorzug.

17. ... Lh5–e8

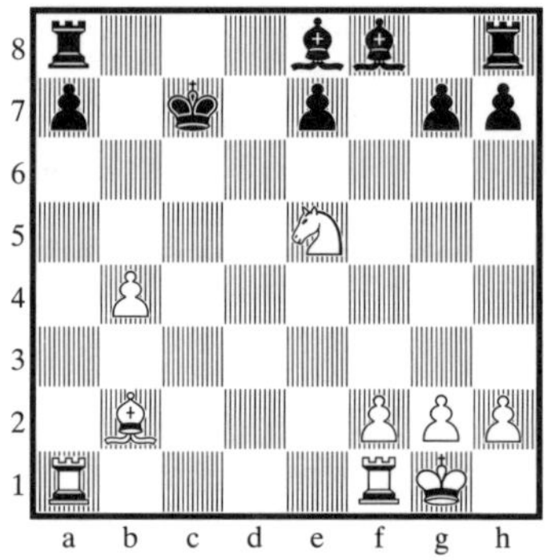

Man kann für Schwarz höchstens noch 17. ... e6 vorschlagen, aber nach 18. Tfc1+ Kb7 19. Sc4 Lb4: 20. Lg7: Tg8 21. Tab1 ist die Situation des Nachziehenden genauso unangenehm wie in der Partie.

18. Sa5–c4 e7–e5

Schwarz beschließt, den Bauern zu opfern, um seine Entwicklung irgendwie zu beenden.

19. Tf1–c1+ Kc7–b7
20. Lb2×e5 h7–h5

Mit der Idee, den Turm auf dem Wege 21. ... Th6 in die Verteidigung mit einzubeziehen. Schlecht wäre übrigens 20. ... Lb4: wegen 21. Tab1.

21. Sc4–a5+ Kb7–b6

22. Le5–c7+ Kb6–a6

Verlieren würde 22. ... Kb5 23. Tc5+ Kb4: 24. Sb7.

23. Sa5–c6+

Schwarz gab auf. Nach 23. ... Kb7 24. Sd8+ Kc8 25. La5+ Kb8 26. Tc7 ist die Niederlage nicht mehr abzuwenden.

Partie Nr. 25
Smyslow – Hübner
Velden 1983

1. Sg1–f3 Sg8–f6
2. c2–c4 c7–c5
3. Sb1–c3 Sb8–c6
4. g2–g3 d7–d5
5. c4×d5 Sf6×d5
6. Lf1–g2 Sd5–c7

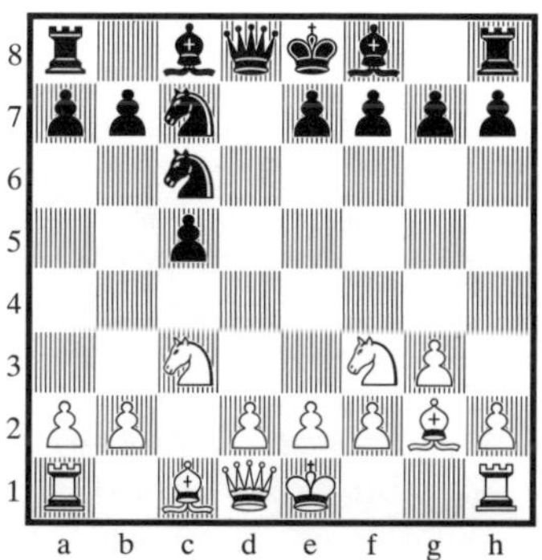

Den Plan mit 6. ... Sc7 führte einst A. Rubinstein in die Turnierpraxis ein. In den dreißiger Jahren hat Botwinnik das Manöver untersucht und oft angewendet.

7. d2–d3

Die klassische Fortsetzung. Neben diesem Zug, der die Aufstellung der weißen Figuren festlegt, wurde von Großmeister Romanischin die Fortsetzung 7. Da4 Ld7 eingeführt. Nach 7. ... Dd7 8. 0–0 g6 9. Dc4 b6 10. b4 Lg7 11. bc b5 12. De4 b4 13. Sg5 Lb7 14. Tab1 0–0 15. Sd5 ist am weißen Übergewicht nicht zu zweifeln.
8. De4 g6 9. Se5 Lg7 (9. ... Se6?? 10. Sc6: Lc6: 11. Dc6:+! bc 12. Lc6:+, und Weiß besitzt einen Mehrbauern) 10. Sd7: Dd7: 11. 0–0 0–0. In dieser Situation prüfte Weiß 12. Da4 und 12. a3, aber in beiden Fällen gelang es Schwarz, das Spiel auszugleichen. Eine dafür charakteristische Partie ist die Begegnung Smejkal – Sokolow, Novi Sad 1984.

7. ... e7–e5

Nach 7. ... g6 8. Le3 Se6 9. 0–0 Lg7 10. Sa4 Scd4 11. Tc1 übt Weiß unangenehmen Druck auf den Punkt c5 aus.

8. Sf3–d2 Lc8–d7

Auch in dieser Variante ist 8. ... Dd7 wenig aussichtsreich. Zum Beispiel könnte darauf 9. Sc4 nebst Da4 geschehen.

9. 0–0 Lf8–e7

10. Sd2–c4 f7–f6

L. Polugajewski führte 1975 in Sotschi in einer Partie gegen L. Espig das Bauernopfer 10. ... 0–0 in die Praxis ein, das bislang seine Aktualität noch nicht eingebüßt hat.
Weiß setzte mit 11. Lc6: Lc6: 12. Se5: Le8 fort.
Untersucht wurde 13. f4, e4, Db3 und Le3. Im Ergebnis dessen gilt heute 13. Le3 als am stärksten. Weiter wird als beste Fortsetzung für beide Seiten 13. ... Se6 14. Db3 Ld6 15. Sf3 (15. Sc4!?) Lc6 16. Se4 Le7 17. Se5 angesehen. In der Partie Ftacnik – Gliksman (Stary Smokovec 1976) geschah weiter 17. ... Ld5 18. Da4 f6 19. Sc4 f5 20. Sc3 f4, und nach einigen Verwicklungen wurde Remis vereinbart.

11. f2–f4

Weiß sprengt jetzt das Zentrum.

11. ... b7–b5

Riskant wäre 11. ... ef wegen 12. Lf4 0–0 13. Db3 Se6 14. Db5: Sf4: 15. Lc6: mit einem Mehrbauern für Weiß.

12. Sc4–e3 Ta8–c8

Andere Möglichkeiten sind 12. ... ef und 12. ... 0–0.

Nach 12. ... ef 13. gf (13. Tf4: 0–0 14. Sed5 Se6 15. Tf8 Tb8 16. Ld2 Se5 17. Tc1 Tf7 18. Sc7:+ De7: 19. b4 c4 20. Sd5 Dd8 21. Lc3 Sg4, und das Spiel ist unklar, Karpow – Portisch, Mailand 1975) 13. ... Tb8 14. Sed5 Sd5: 15. Sd5: ging die Partie Seirawan – van der Wiel (Wijk aan Zee) so weiter: 15. ... Ld6 16. Le3 Se7 17. b4! Sd5: 18. Ld5: De7 19. Tf3 Lg4 20. Tg3 h5 21. Dd2, und hier erhielt Schwarz nach 21. ... Kf8? 22. h3 Lf5 23. bc Lc5: 24. Tc1 die schlechtere Stellung. Aufmerksamkeit verdient 21. ... cb.

13. Se3–d5 Sc7×d5
14. Sc3×d5 0–0
15. f4×e5 Sc6×e5
16. Lc1–f4 Sa5–c6
17. a2–a4 b5–b4
18. Ta1–c1 Ld7–e6
19. e2–e4 Le7–d6
20. Lf4–e3 Sc6–a5

Smyslow empfiehlt an dieser Stelle 20. ... Sd4 21. Ld4: cd 22. Tc8: Dc8: 23. Dd2 Dd7 mit Ausgleich.

21. d3–d4! c5–c4

Chancenlos wäre 21. ... cd 22. Tc8: Dc8: 23. Dd4:, und Weiß dominiert.

22. Sd5–f4 Le6–f7
23. Dd1–g4

Die Ambitionen beider Seiten sind klar. Weiß greift im Zentrum und am Königsflügel an, Schwarz am Damenflügel.

23. ... Dd8–e8
24. Tc1–e1 Sa5–b3
25. Kg1–h1 Kg8–h8
26. Dg4–h3 Tc8–c7

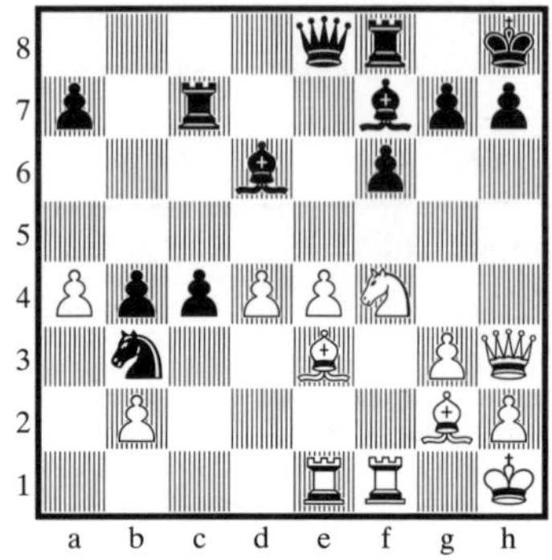

Schwarz ergreift prophylaktische Maßnahmen.

Aufmerksamkeit verdiente die Variante 26. ... Lf4: 27. gf c3 28. bc Tc3: 29. Dh4 f5 30. d5 Ld5: 31. ed Te3: 32. d6, in der Weiß einen Bauern weniger, aber dafür ausreichende Kompensation besitzt.

27. e4–e5! f6×e5
28. f4×e5 Ld6×e5
29. Lg2–e4 g7–g6

Schlechter wäre 29. ... h6 30. Se6 Le6: 31. Tf8:+ Df8: 32. De6:.

30. Le4×g6 De8–a8+

Eine wesentliche Ungenauigkeit. Besser war 30. ... Dc6+ 31. Kg1 Lg8 32. Lc2 Tf6 33. Lb3: cb 34. Sd3 Tf1: 35. Df1: Lg7 36. Df4 mit leichtem weißen Vorteil. Jetzt ist der Punkt g6 ungeschützt, und Weiß trägt einen siegreichen Angriff vor.

31. Kh1–g1 Lf7–g8
32. Lg6×h7! Tc7×h7
33. Sf4–g6+ Kh8–g7
34. Dh3–d7+ Tf8–f7

Nicht spielbar ist 34. ... Kg6: wegen 35. Dg4 matt.

35. Tf1×f7+ Lg8×f7
36. Sg6×e5 Da8–d5
37. Dd7×a7

Weiß hat schon entscheidendes materielles Übergewicht.

37. ... Th7–h5
38. Se5×f7 Dd5×f7
39. Le3–d4+ Sb5×d4

40. Da7×d4+ Kg7–h7
41. Dd4–e4+ Kh7–g7
42. Te1–f1 Df7–a7+
43. Tf1–f2! Da7–c5

Weiß hatte eine Falle gestellt. Sofort verlieren würde 43. ... Th2: 44. Dg4+ Kh8 45. Dc8+ Kh7 46. Df5+, und Weiß „verspeist“ den Turm im nächsten Zug.

44. Kg1–f1 c4–c3
45. b2×c3 b4×c3
46. De4–e6! Dc5–g5

Vor den Mattdrohungen gibt es keine Verteidigung.

47. Tf2–f7+ Kg7–h8
48. De6–c8+

Schwarz gab auf.

Partie Nr. 26
K. Georgiew – Chandler
Sarajevo 1985

1. Sg1–f3 Sg8–f6
2. c2–c4 c7–c5
3. g2–g3 Sb8–c6
4. Lf1–g2 d7–d5
5. c4×d5 Sf6×d5
6. Sb1–c3 Sd5–c7
7. 0–0

Angewendet wird auch 7. d3, was gewöhnlich nur zu einer Zugumstellung führt. Voreilig wäre 7. a3 wegen 7. ... g6. Diese Fortsetzung ist hier bedeutend besser als nach 7. 0–0 g6?! 8. Sa4! b6 9. d4 cd 10. Lf4 Lg7 11. Sd4: Sd4: 12. Lc7: Dc7: 13. La8: 0–0 14. Lg2, und Schwarz hat keine ausreichende Kompensation für die geopferte Qualität.

8. 0–0 Lg7 9. d3 0–0 10. Da4 Ld7! 11. Dh4 e5 ergibt Ausgleich (Chasin – Dorfman, Belgrad 1988).

In der Praxis beinahe verschwunden ist das früher beliebte 7. ... e6 mit der Folge 8. b3 Le7 9. Lb2 0–0 10. Tc1 Tb8 (10. ... b6? 11. d4! Sd4: 12. Sd4: cd 13. Sb5) 11. Sa4 b6 12. d4! Sd4: 13. Sd4: cd 14. Ld4: Ld6 15. Sc3, und das Spiel steht gleich (Bolbochan – Najdorf, Mar del Plata 1956).

7. ... e7–e5
8. d2–d3 Lf8–e7
9. Sf3–d2

Mit einem anderen Plan – Angriff am Damenflügel – ist folgende Fortsetzung verbunden: 9. a3 0–0 10. Tb1 Lf5 11. Le3 Tc8 12. b4 cb 13. ab b5 14. Dd2 Te8 15. Tfc1 a6 16. Sh4 Ld7 17. Sf5 Lf8 18. Se4, und in der komplizierten Stellung verdienen die weißen Chancen den Vorzug (Andersson – M. Zeitlin, Poljanica Zdroj 1978).

9. ... Lc8–d7

Die Ausgangsstellung der Rubinstein-Variante. Näher wurde auf dieses System in der Partie Smyslow – Hübner eingegangen.

10. Sd2–c4 0–0
11. Lg2×c6 Ld7×c6
12. Sc4×e5 Ld7–e8
13. Lc1–e3

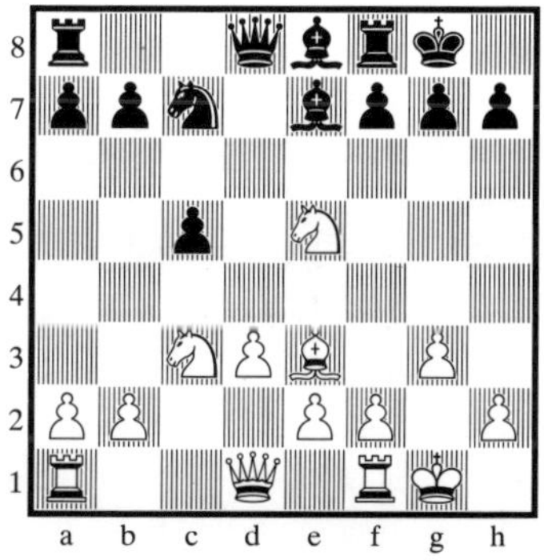

Die beste Fortsetzung. Diese aktuelle Eröffnungsstellung ist bereits vielmals in der Praxis vorgekommen.

13. ... Le7–f6

Eine Neuerung. Als bester Zug gilt 13. ... Se6 (siehe Anmerkungen zur Partie Smyslow – Hübner).

14. Se5–f3

Nach 14. Sg4? Ld4 besitzt Schwarz Vorteil.

14. ... Sc7–e6
15. Sc3–e4

Notwendige Genauigkeit. Steht der schwarze Läufer auf c6, hat Schwarz schon Ausgleich.

15. ... Lf6×b2

Unzureichend wäre 15. ... b6 16. Sf6:+ Df6: 17. Dd2.

16. Ta1–b1 Lb2–d4

Nach 16. ... La3? 17. Db3 Lb4 18. a3 La5 19. Db7: hat Weiß Übergewicht.

17. Le3×d4 Se6×d4
18. Sf3×d4 Dd8×d4
19. Tb1×b7 f7–f5

Das ist eine Ungenauigkeit. Schwarz mußte das forcierte Spiel fortsetzen: 19. ... Lc6 20. Tc7 Tfc8 (20. ... Le4:?! 21. de De4: 22. Tc5:, und Weiß steht besser) 21. Tc8: Tc8: 22. Da1! Le4: 23. Dd4: cd 24. de Tc2 25. Td1 Te2: (25. ... Ta2 26. Td4: g6 mit weißem Vorteil) 26. Td4: g5, und im Turmendspiel besitzt Schwarz Remischancen.

20. Se4–g5 Le8–c6
21. Tb7–e7

Hier konnte Weiß noch fehlgreifen: 21. Db3+ c4!

21. ... Ta8–e8

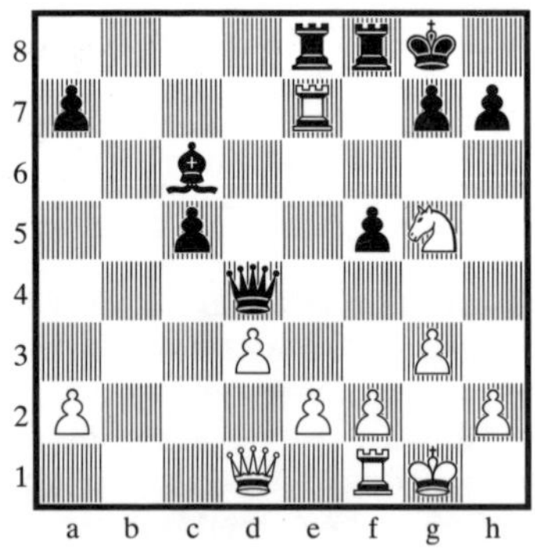

22. e2–e3!!

Der stärkste Zug für Weiß. Nach 22. Se6 Dd6! (22. ... Dd5? 23. e4 mit der Idee Dg4 und Sc7) 23. Tg7:+ Kh8 24. Sf8: Kg7: 25. Da1+ Kf8: ist das Spiel unklar.

22. ... Dd4–d6
23. Te7×a7

Weiß besitzt genügend Materialvorteil zm Gewinn.

23. ... h7–h6
24. Dd1–b3+

Ein sehr wichtiges Zwischenmanöver.

24. ... Lc6–d5
25. Db3–c3 Te8–e7
26. Ta7×e7 Dd6×e7
27. e3–e4

Die genaueste Entscheidung. Nach 28. Sh3? g5 hat Schwarz den Springer ausgeschaltet und Angriffschancen.

27. ... Ld5×a2
28. Tf1–a1 De7×g5
29. Ta1×a2

Durch eine Serie exakter Züge vereinfachte Weiß die Stellung und bewahrte seine Überlegenheit. Und so ging die Partie weiter:

29. ... f5×e4
30. d3×e4 Kh8–h7
31. Kg1–g2 Dg5–g4
32. f2–f3 Dg4–g5
33. Ta2–d2 Dg5–e7
34. Dc3–c4 Tf8–b8
35. Dc4–d5 Kh7–h8
36. h2–h4 Tb8–c8
37. Dd5–f5 De7–e8
38. Td2–d7 c5–c4
39. Df5–g4 De8–f8

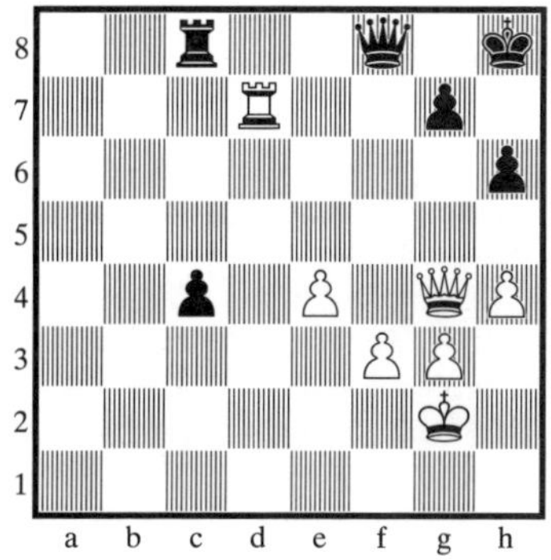

40.	**Td7–f7!**	

Georgiew schreibt, daß 41. Tg7: h5 42. Dd7 Td8 43. Tf7 eleganter gewinnt. Und auf 41. ... c3 entscheidet 42. Tb7.

40.	**...**	**Df8×f7**
41.	**Dg4×c8+**	**Kh8–h7**
42.	**f3–f4**	**h6–h5**
43.	**Kg2–f3**	**g7–g6**
44.	**Dc8–c6**	

Droht mit dem Vormarsch des Bauern e4–e5–e6.

44.	**...**	**Df7–a7**
45.	**Dc6×c4**	**Da7–g1**

Schwarz hat eine letzte Hoffnung auf ewiges Schach.

46.	**f4–f5!**	**Dg1–h1+**
47.	**Kf5–f4**	**Kh7–h6**
48.	**f5–f6**	**Dh1–d1**
49.	**Kf4–e5**	**Dd1–e1**
50.	**Ke5–e6**	**De1–e3**
51.	**e4–e5**	

Sofort gewonnen hätte 51. Db4.

51.	**...**	**De3–b6+**
52.	**Ke6–d7**	**Db6–b7+**
53.	**Dc4–c7**	**Db7–b5+**
54.	**Kd7–e7**	**Db5–b4+**
55.	**Ke7–f7**	**Db4–b3+**
56.	**e5–e6**	

Die Schachs sind zu Ende, und **Schwarz gab auf.**

Partie Nr. 27
Kortschnoi – Seirawan
Zagreb 1987

1.	**Sg1–f3**	**Sg8–f6**
2.	**c2–c4**	**b7–b6**
3.	**g2–g3**	**Lc8–b7**
4.	**Lf1–g2**	**c7–c5**
5.	**0–0**	**g7–g6**

Das System des Doppelfianchettos wurde in den Wettkämpfen der letzten Jahre sehr populär.

6.	**d2–d4**	**c5×d4**
7.	**Dd1×d4**	**Lf8–g7**
8.	**Sb1–c3**	

Entstanden ist eine der Grundstellungen des Systems. Eine Zeitlang war nun für Schwarz die Fortsetzung 8. ... Sb8–c6 modern.

8.	**...**	**d7–d6**
9.	**Lc1–e3**	

Eine andere Möglichkeit ist 9. Tf1–d1. Nach 9. ... Sb8–d7 10. b2–b3 (10. Ta1–b1 Ta8–c8 11. b2–b3 0–0 12. Dd4–h4 Tc8–c5 13. Lc1–b2 ergab sich in der Begegnung Tschernin – Eingorn, 1986 Remis) 10. ... Ta8–c8 11. Lc1–b2 0–0 12. Df4–e3 Tf8–e8 13. Ta1–c1 a7–a6 14. Lb2–a1 Tc8–c5 15. a2–a4 Dd8–a8 war die Stellung ausgeglichen (Karpow – Kasparow, 1986). Besser für Weiß ist 14. Tc1–c2 mit der Idee Dc1–a1.

9.	**...**	**Sb8–d7**
10.	**Ta1–c1**	

In der Partie Kortschnoi – Gurewitsch, 1986, folgte hier 10. Dd4–d2 Ta8–c8 11. b2–b3 a7–a6 12. Ta1–c1 0–0 13. Le3–h6 Tc8–c5 14. Lh6×g7 Kg8×g7 15. Tc1–d1 Dd8–a8 16. Dd2–e3 Sd7–e5 17. Sc3–a4 Se5×f3 18. e2×f3 Tc5–e5 19. Sa4×b6 Te5×e3 20. Sb6×a8 Te3–e2 21. Sa8–b6 Te2×a2 22. b3–b4 Ta2–b2 23. Td1–b1 Tb2×b1 24. Tf1×b1 Tf8–b8 25. Tb1–a1, und Weiß hat Übergewicht.

10.	**...**	**0–0**
11.	**Dd4–d2**	**Sf6–e4**

In dem gleichen Turnier entwickelte sich die Partie Kortschnoi – Eingorn so: 11. ... Ta8–c8 12. b2–b3 a7–a6 13. Lg2–h3 Tc8–b8 14. Sf3–d4 Sf6–e4 15. Sc3×e4 Lb7×e4 16. Tf1–d1 mit besseren Chancen für Weiß.

12. Sc3×e4 Lb7×e4
13. Tf1–d1 Dd8–c7
14. Lg2–h3!

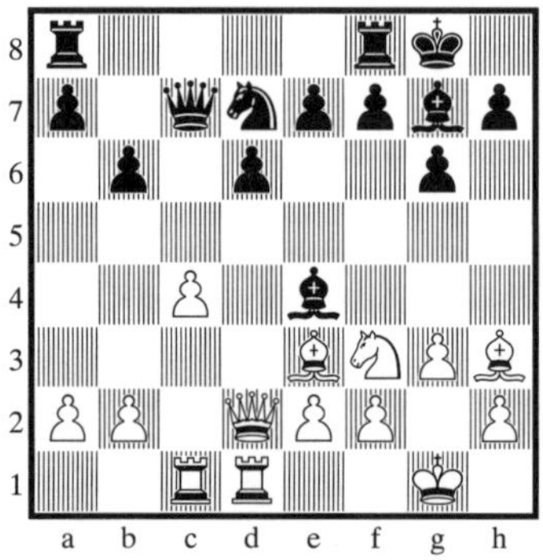

Erneut die gleiche Idee. Weiß möchte die weißfeldrigen Läufer nicht tauschen, und die Verdoppelung des f-Bauern ist ungünstig für Schwarz: 14. ... Lf3: 15. ef mit nachfolgendem f3–f4–f5. Weiß hätte danach stabiles Übergewicht.

14. ... Ta8–b8
15. Sf3–d4 Le4–a8
16. Sd4–b5

Aufmerksamkeit verdiente ebenfalls 16. f2–f3 mit der Idee Le3–f2 und e2–e4.

16. ... Dc7–b7
17. f2–f3 a7–a6
18. Sb5–c3 b6–b5
19. Sc3–d5

Genauer war 19. c4×b5 a6×b5 20. Sc3–d5.

19. ... e7–e6

Schwarz mußte seinerseits 19. ... b5×c4 probieren: 20. Sd5×e7+ Kg8–h8 21. Se7–d5 Db7×d5 22. Dd2×d5 La8×d5 23. Td1×d5 Lg7×b2 24. Tc1×c4 Sd7–b6 25. Le3×b6 Tb8×b6 26. Td5–a5, und die Existenz verschiedenfarbiger Läufer schafft Weiß gewisse Aussichten.

20. Sd5–e7+ Kg8–h8
21. c4–c5 Sd7–e5

21. ... Sd7×c5 22. Dd2×d6 Sc5–a4 23. Tc1–c7 führt zum Verlust von Schwarz.

22. c5×d6 Se5–c4
23. Tc1×c4 b5×c4
24. d6–d7 Tf8–d8
25. Le3–d4 Db7–b4
26. Dd2–g5

Der starke Bauer d7 und die große Aktivität seiner Figuren machen den Vorteil von Weiß aus.

26. ... Db4–b5

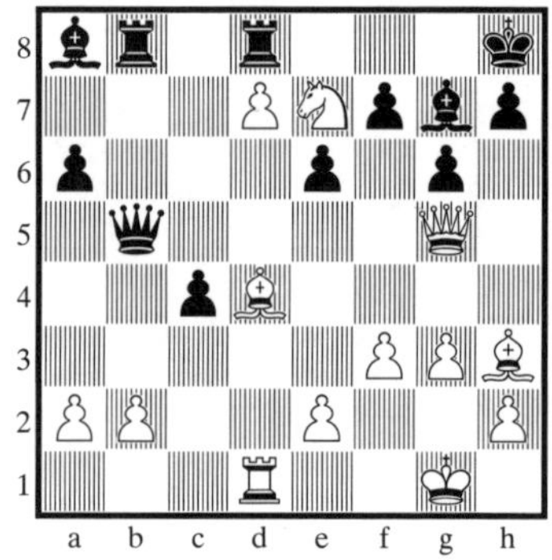

27. Se7×g6+! f7×g6

Auf 27. ... h7×g6 geschieht 28. Dg5–h6+ nebst Matt im nächsten Zug.

28. Ld4×g7+ Kh8×g7
29. Dg5–e7+ Kg7–h6
30. Td1–d4 Db5–b6??

Erst nach diesem groben Fehler erhält Schwarz eine Verluststellung. Unbedingt erforderlich war 30. ... La8×f3 31. e2×f3 Db5–b6 32. De7–h4 Kh6–g7 33. Kg1–h1 h7–h5 34. Dg5–e7 Kg7–h6 35. g3–g4 Db6–b5.

31. e2–e3 Db6×d4

Jetzt führt 31. ... La8×f3 32. Td4–h4 Lf3–h5 33. Th4×h5 zum Matt.

32. e3×d4 La8×f3
33. Lh3×e6

Die weiteren Züge sind klar und bedürfen keines Kommentars.

33. ... c4–c3
34. b2×c3 Td8–f8
35. Le6–b3 Lf3–h5
36. h2–h4 Lh5–f3
37. g3–g4 a6–a5
38. Kg1–h2 Lf3–a8
39. Lb3–d1 La8–f3
40. g4–g5+ Kh6–h5
41. Kh2–g3

Schwarz gab auf.

Partie Nr. 28
Polugajewski – Smyslow
Moskau 1976

1. Sg1–f3 Sg8–f6
2. c2–c4 b7–b6
3. g2–g3 c7–c5
4. Lf1–g2 Lc8–b7
5. 0–0 g7–g6

Nach 5. ... e7–e6 entsteht die bekannte Igelstellung, die in den Partien Kasparow – Ribli und Kortschnoi – Adorjan näher untersucht wurde.

6. Sb1–c3 Lf8–g7
7. d2–d4

Eine Zeitlang war 7. d2–d3 sehr beliebt, was zu ruhigen Stellungsbildern mit verschiedenen Möglichkeiten führt. Weiß erhält dabei keinen Eröffnungsvorteil, wie wir an einem Beispiel demonstrieren: 7. ... 0–0 8. e4 Sc6 9. Te1 e6 10. h3 d5 11. ed ed 12. Lg5 dc 13. dc h6 14. Le3 Se7 15. Dd8: Tad8: 16. Tad1, und die weiteren Vereinfachungen ergaben völligen Ausgleich (Hübner – Timman, Montreal 1979).

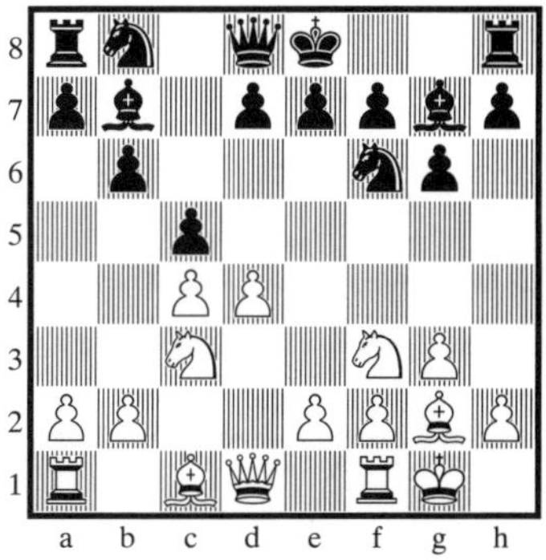

7. ... c5×d4

Außer der Antwort in der Partie wird auch 7. ... Se4 im Sinne der Damenindischen Verteidigung gespielt.
Als bester Plan für Weiß kann darauf 8. Se4: Le4: 9. d5 0–0 10. Lh3! angesehen werden. Dieser Zug zwingt Schwarz, seinen Läufer gegen den Springer zu tauschen: 10. ... Lf3: 11. ef e6 12. Te1 Ld4 13. Da4 a6 14. f4 Ta7 15. Tad1 (Kortschnoi – Panno, Luzern 1985).
Schwarz kann anstelle von 9. ... 0–0 auch 9. ... e5 ziehen: 10. Db3 0–0 11. Lh3! Lf3: 12. Df3: f5 13. e4 f4 14. Dd1 (Karpow – Timman, Brüssel 1986).
In beiden Fällen brachte die Idee mit Lh3 Weiß leichte, aber dauerhafte Überlegenheit.

8. Sf3×d4

In jüngster Zeit lernten es die mit Schwarz Spielenden, den nach 8. Sf3×d4 entstehenden Mittelspielvorteil von Weiß zu neutralisieren, so daß jetzt öfter 8. Dd4: geschieht. Dieser Zug ergibt ein sehr kompliziertes Spiel mit etwas besseren Aussichten für Weiß.
Schwarz verzichtet als Antwort immer häufiger auf die Entwicklung seines Springers nach c6 und zieht 8. ... d6 vor. Als Beispiel dafür folgt die Begegnung Gurewitsch – Fischbein, USA 1988: 8. ... d6 9. Le3 0–0 10. Dd2 Sbd7 11. Tac1 a6 (entstanden ist ein „Igel“

mit dem Läufer auf g7) 12. b3 Te8 13. Tfd1 Tb8 (13. ... Tc8 14. Lh3 Tb8 14. Tfd1 La8 15. Sd4 Se5 16. Lh6 Lh6: 17. Dh6: e6 18. Lg2 Lg2: 19. Kg2: De7 bringt gleiche Chancen) 14. Sd5 b5 15. Sd4! bc 16. Sf6 Lf6: 17. Lb7 Tb7: 18. Sc6 Da8 19. Tc4: Tb5! 20. Sb4 Se5 21. Tc7 e6!, und das Spiel war sehr kompliziert.

8. ... Lb7×g2

9. Kg1×g2 Dd8–c8

In der Zeit, als diese Partie gespielt wurde, galt der Partiezug als einziger mit Aussicht auf Ausgleich. Jetzt wird oft 9. ... 0–0 gespielt, um einen Aufbau a la Igel-System anzustreben.

10. b2–b3 Dc8–b7+

11. f2–f3 d7–d5!

Setzt Schwarz dies nicht sofort durch, riskiert er, den Vorstoß überhaupt nicht zu realisieren. Die Partie Portisch – Tal, Varese 1976) ging zum Beispiel so weiter: 11. ... Sc6 12. Lb2 0–0 13. e4 Tac8 14. Dd2 a6 15. Tac1 Tfd8 16. Tfd1 Sd4: 17. Dd4: Se8 18. Dd2 b5 19. cb ab 20. Sd5 Tc1:, und mittels 21. Dc1: erhielt Weiß Übergewicht.

12. c4×d5 Sf6×d5

13. Sc3×d5 Db7×d5

14. Lc1–e3

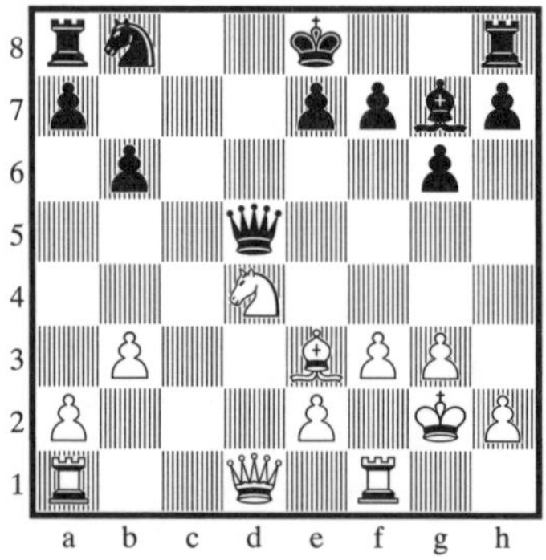

Eine Neuerung Portischs in der Partie gegen Polugajewski (Budapest 1976). Zuvor stellte Weiß den Läufer nach b2 und erreichte damit nichts. Jetzt nimmt der Läufer g7 die „leere" Diagonale aufs Korn. Der Läufer e3 dagegen hat ein ganz bestimmtes Ziel im Auge: die Bauern a7 und b6.

14. ... Sb8–c6?!

Schwarz hat den völlig verständlichen Wunsch, noch eine Figur abzutauschen, aber er bleibt dadurch in seiner Entwicklung zurück und gibt die offenen Linien preis.

Aufmerksamkeit verdiente 14. ... 0–0 15. Tc1 Sa6 16. Sc6 De6 17. Dd3 Tfc8. Jetzt drängt sich 18. Da6: auf. Nach 18. ... Tc6: 19. Db7 Tcc8 20. Kf2 würde 20. ... Dh3 Schwarz Gegenspiel einbringen. Weiß aber hat eine starke Antwort zur Verfügung: 18. De4! De4: 19. fe Tc7 20. b4. Danach besitzt Schwarz eine beengte Stellung, aber durchaus Remischancen.

15. Sd4×c6 Dd5×c6

16. Ta1–c1 Dc6–e6

In dem Treffen Polugajewski – Spasski (Manila 1976) bevorzugte Schwarz 16. ... Db7, doch nach 17. Dd3! 0–0 18. Tfd1 Tfc8 19. Dd7 Dd7: 20. Td7: hatte Weiß das Übergewicht.

17. Dd1–d3 0–0

18. Tf1–d1

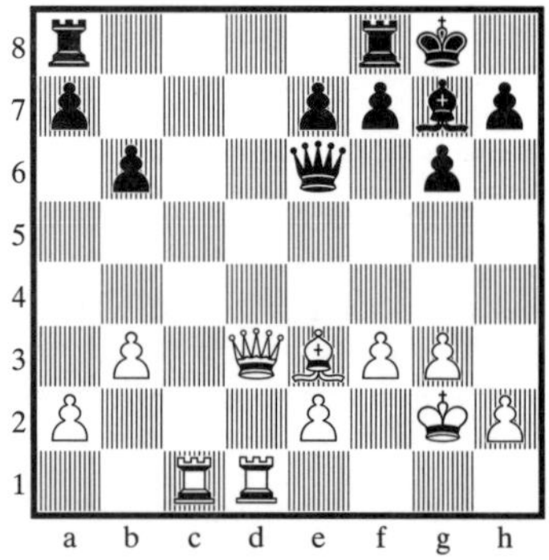

Portisch spielte in der weiter vorn erwähnten Partie gegen Polugajewski

18. Tc4, was Schwarz die Möglichkeit bot, nach 18. ... f5 19. Td1 Kf7! und der Drohung Tfd8 das Spiel auszugleichen.

18. ... Ta8–c8?!

Dieser Zug befreit Schwarz nicht von seinen Sorgen. In der Begegnung Tal – Polugajewski (Moskau 1976) versuchte Schwarz, seine Stellung mittels 18. ... f5 zu verstärken, aber 19. Dc4 Kf7 20. De6: Ke6: 21. Tc6+ Kf7 22. Lg5 Tfc8 23. Tc8: Tc8: 24. Tc7 brachte Weiß in Vorteil. Gegenspiel erhält Schwarz nach 18. ... h5 und wenn 19. Tc7, so geschieht 19. ... Tad8 20. Dd8: Td8: 21. Td8:+ Kh7 22. Td3 Lh6, obwohl Weiß auch jetzt nach 23. Kf2 besser stehen würde.

19. Tc1×c8 De6×c8
20. Dd3–d7 Dc8–a6

Weiß beherrscht die offene Linie, und das genügt für ein deutliches Übergewicht.

21. Td1–d2! e7–e6
22. Le3–g5! h7–h6

Der schwarze Turm erweist sich als Eingesperrter im eigenen Lager.

23. Lg5–d8 Lg7–e5
24. a2–a4 Kg8–g7
25. Td2–c2 b6–b5

Schwarz beschließt, einen Bauern zu opfern, um sich irgendwie aus der Umklammerung zu lösen.

26. a4×b5 Da6–a1
27. Ld8–e7 Tf8–h8

Etwas besser war 27. ... Tb8.

28. Tc2–c4 Da1–b2
29. Tc4–e4

Der Turm fühlt sich prächtig im Zentrum, wo er den Bauern e2 und das Feld d4 deckt.

29. ... Th8–b8
30. Le7–c5

Die Drohung 31. Te5: zwingt Schwarz, den Bauern a7 zu geben, was den Gewinn von Weiß zu einer Frage der Zeit macht.

30. ... Le5–f6
31. Lc5×a7 Tb8–a8
32. b5–b6

Gewinnen würde auch 32. Ld4 Ld4: 33. Dd4: Dd4: 34. Td4:.

32. ... Db2×b3
33. Dd7–c6 Db3–d1

Schwarz wartet auf die Gelegenheit, ewiges Schach geben zu können.

34. Dc6–c4 Ta8–c8
35. Dc4×c8 Lf6–d4
36. Te4×d4 Dd1×e2+
37. Kg2–h3 De2–f1+
38. Kh3–g4 e6–e5
39. Td4–d7 h6–h5+
40. Kg4–g5 Df1×f3
41. Td7×f7+

Schwarz gab auf.

Nach 41. ... Kf7: 42. Dd7+ Kg8 43. b7 gibt es für ihn keine Verteidigung mehr.

Partie Nr. 29
Karpow – Kasparow
Moskau 1984
13. Wettkampfpartie

1. Sg1–f3 Sg8–f6
2. c2–c4 b7–b6
3. g2–g3 c7–c5
4. Lf1–g2 Lc8–b7
5. 0–0 g7–g6
6. Sb1–c3 Lf8–g7
7. d2–d4 c5×d4
8. Sf3×d4

Was den Zug 8. Dd1×d4 angeht, siehe die Anmerkungen zu den Partien Polugajewski – Smyslow und Kortschnoi – Seirawan.

8. ... Lb7×g2
9. Kg1×g2 0–0

Wenn Schwarz d7–d5 durchsetzen will, spielt er im 9. Zug Dd8–c8 und nach 10. b3 d5 (vgl. Partie Polugajewski – Smyslow, Moskau 1976).

10. e2–e4 Dd8–c7

Diese Eröffnungsfeinheit wurde zu Beginn der 70er Jahre ersonnen und erfuhr im unvollendeten WM-Match zwischen Karpow und Kasparow 1984/85 eine grundlegende Überprüfung. Beide Partner spielten damals übrigens diese Eröffnung mit vertauschten Farben. Der schwarze Aufbau erwies sich als recht sicher, und in jüngster Zeit schlägt Weiß im achten Zug öfter mit der Dame als mit dem Springer.

11. b2–b3

Wie weiter vorn schon beschrieben, führt 11. De2 zu einem komplizierten Kampf mit beiderseitigen Chancen. Ergänzend sei auf die Partie Bukić – Psachis (Bor 1985) verwiesen, die folgendermaßen weiterging: 11. ... Sc6 12. Sc2 a6 13. Lg5 e6 14. Tac1 Tfc8 15. b3 Se8 16. Ld2 (Aufmerksamkeit verdient 16. Dd2) Db7 17. f3 b5 18. Se3 f5 19. ef gf 20. g4, und die Stellung ist unklar.

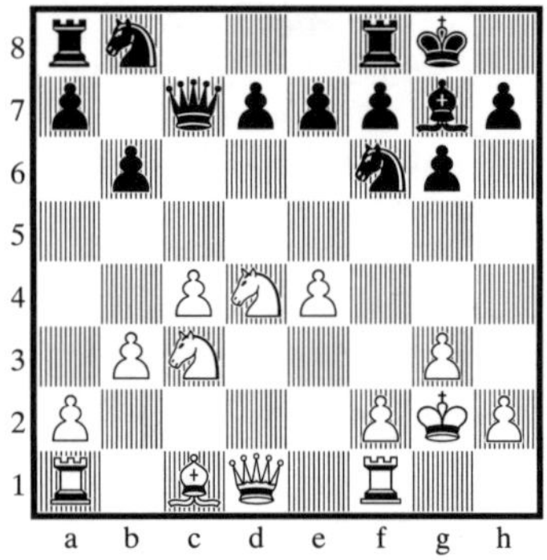

11. ... Sf6×e4

Schwarz kämpft mit einer Kombination, die ein zeitweiliges Figurenopfer beinhaltet, um den Ausgleich.

12. Sc3×e4

In einer Partie Gotschew – Vilela (1985) wurde der neue Zug 12. Sd5 erprobt: 12. ... Dd8 (auf 12. ... De5 geschieht 13. Lb2 mit der Idee f4 und auf 12. ... Dc5 13. Le3!) 13. Te1 e6 14. Te4: ed 15. cd Sa6, und später schlossen die Kontrahenten Frieden.

12. ... Dc7–e5

13. Dd1–f3 De5×d4

14. Lc1–a3

In der ersten Begegnung zu diesem Thema (Charitonow – Gawrikow, Jurmala 1983) reagierte Weiß unglücklich mit 14. Le3 und hatte nach 14. ... De5 15. Tad1 Dc7 16. Lf4 Dc6! 17. Td5 f5 18. Sd2 Sa6 keine ausreichende Kompensation für den Bauern.

In der Partie Schabalow – Kengis (Riga 1983) spielte Weiß erfolgreicher 14. Tb1 und auf 14. ... De5 15. Lf4.

Nach 15. ... De6 würde 16. Sf6+ Lf6: 17. Da8: Sc6 18. Db7 Schwarz genügend Gegenspiel für die geopferte Qualität einbringen. Zum Beispiel könnte 18. ... g5 19. Tbe1 Df5 nebst g4 folgen.

14. ... Sb8–c6

15. Ta1–d1 Dd4–e5

16. Td1×d7 De5–a5!

In einer Partie Keene – Adorjan (Plowdiw 1983) geschah hier 16. ... Tad8 17. Tfd1 Td7: 18. Td7: Td8, und dann erlangte Weiß durch den Zug 19. Sd6! leichten Vorteil.

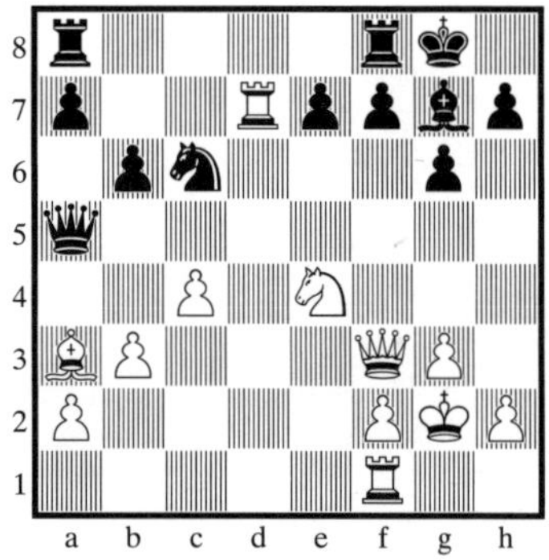

17. La3×e7!

Im Falle von 17. b4 Sb4: 18. Te7: Sc2 hat Schwarz keinerlei Sorgen.

17. ... Sc6–e5

18. Df3–d1!

Weiß opfert nun die Qualität. Im Falle von 18. Td5 Sf3: 19. Ta5: Tfe8 20. Td5 Sh2: würde sich eine ausgeglichene Stellung ergeben.

18. ... Se5×d7
19. Dd1×d7 Da5×a2!

Wenn Schwarz versucht, die Qualität mittels 19. ... Tfb8 zu behalten, so käme Weiß nach 20. a4! De5 21. Te1 klar in Vorteil. Kasparow findet einen Weg zum Ausgleich.

20. Le7×f8 Ta8×f8
21. Tf1–e1 Da2×b3
22. Se4–d6

Weiß beherrscht das gesamte Brett, doch Schwarz besitzt eine einfache Stellung und einen Bauern mehr.

22. ... Db3–c3

Die schwarze Dame eilt ihrem König zu Hilfe.

23. Te1–e7 Dc3–f6
24. Sd6–e4 Df6–d4
25. Dd7×d4 Lg7×d4
26. Te7–d7 Ld4–g7
27. Td7×a7 h7–h6
28. Ta7–b7 Lg7–d4

Weitere Versuche von Weiß, die Überlegenheit zu behalten, führen zu nichts.

29. Tb7–d7 Ld4–g7
30. h2–h4 f7–f5
31. Se4–d2 Tf8–f6
32. Td7–c7 Tf6–e6
33. Sd2–f3 Lg7–f6

Remis.

Partie Nr. 30
Asmaiparaschwili – Jurtajew
Pawlodar 1982

1. c2–c4 g7–g6
2. Sb1–c3 Lf8–g7
3. g2–g3 c7–c5
4. Lf1–g2 Sb8–c6
5. Sg1–f3 Sg8–f6

In dem von Weiß gewählten Aufbau verdiente 5. ... e7–e6 mit nachfolgendem 6. ... Sg8–e7 Aufmerksamkeit.

Weiter könnte Schwarz dann d7–d5 vorbereiten oder in Abhängigkeit vom Spiel des Partners b6 nebst Lb7 oder d6, e5, f5 ziehen. Der Kampf entfaltet sich in dieser Variante gewöhnlich folgendermaßen: 5. ... e6 6. 0–0 Sge7 7. e3 0–0 (Ungünstig wäre 7. ... Sf5 8. d3 0–0 9. e4 Sfd4 10. Sd4: Sd4: 11. Tb1 Tb8 12. Le3 a6 13. a3 d6 14. b4 Ld7 15. bc dc 16. f4 mit leichter Überlegenheit für Weiß) 8. d4 d6 9. d5 Sa5 10. Sd2 a6 11. De2 Tb8.

Die entstandene Stellung erinnert sehr an das Bild der Jugoslawischen Variante in der Königsindischen Verteidigung.

12. a4 ed (Eine Prüfung verdiente 12. ... Ld7, womit b5 und ed vorbereitet wird) 13. Sd5: Sd5: 14. Ld5: Lf5 (Le6!!). Das Spiel steht etwa gleich.

Außer 5. ... e7–e6 und der Fortsetzung in dieser Partie hat Schwarz an dieser Stelle noch eine ganze Serie von Antworten zur Verfügung: 5. ... d6; 5. ... e5; 5. ... a6. Am logischsten erscheint 5. ... d6. Schwarz bereitet die Entwicklung seines Läufers vor und läßt Weiß ziehen, zum Beispiel 6. 0–0 Sh6 (das ist nur nach 6. 0–0 gut, weil sonst 7. h4 nebst h5 folgt).

7. a3 (Interessant ist die Idee Anderssons 7. d4 cd 8. Lh6:! Lh6: 9. Sd4: Ld7 10. c5! dc 11. Sc6: Lc6: 12. Lc6:+ bc 13. Dc2, und Weiß hat mehr als ausreichende Kompensation für den geopferten Bauern) 7. ... 0–0 8. Tb1 Tb8 9. b4 b6 10. d3 Lc3: 11. Lh6: Lg7 12. Dc1 Lb7 13. b5 Sd4 mit ungefähr gleichen Chancen (Portisch – Gufeld, Moskau 1961).

Es herrscht völlige Symmetrie auf dem Brett, und deshalb erhielt dieses Abspiel in der Literatur die Bezeichnung Symmetrische Variante.

6. 0–0 0–0
7. d2–d4

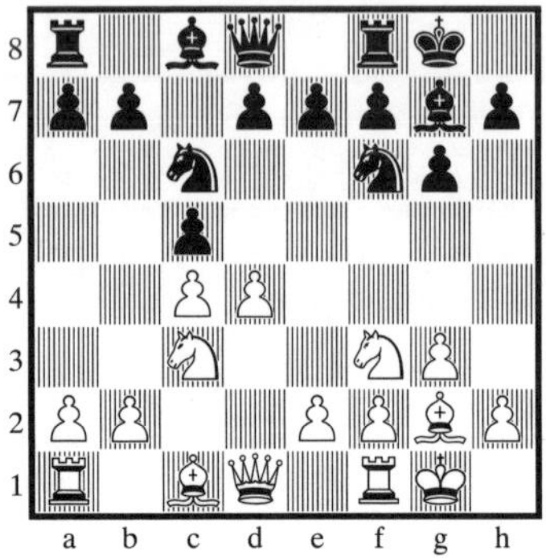

Weiß hat auch noch zwei bescheidenere Züge: 7. b3 und 7. d3.

7. ... c5×d4
8. Sf3×d4 Sc6×d4

Die Alternativen 8. ... Da5 und 8. ... Db6 bringen Weiß in Vorteil.

9. Dd1×d4 d7–d6
10. Dd4–d3!

Das ist der beste Zug. Nach 10. Td1 gibt es ein interessantes Bauernopfer für Schwarz, das in dem Treffen Larsen – Tal (Kopenhagen 1965) zur Debatte stand: 10. ... Le6 11. Lb7: Sg4 12. Df4 Tb8 13. Lg2 Dc8! 14. Sd5 Te8 15. h3 Se5 16. Dh4 Dc4: 17. Se7: Kh8 18. e4 De2 19. Le3 Tb2:. Bei materiellem Gleichstand hat Schwarz eine aktive Stellung.

10. ... a7–a6!

In dieser oft anzutreffenden Position erprobte Schwarz etliche Fortsetzungen: 10. ... Da5, 10. ... Lf5, 10. ... Sd7 und den Partiezug, der einen guten Ruf genießt.

11. Lc1–e3

Als Bestes in dieser Stellung gilt 11. Ld2, wonach Weiß leichten, aber dauerhaften Vorteil bekommt. Zum Beispiel könnte geschehen: 11. ... Tb8 12. e4 Le6 13. b3 Dd7 14. Tac1 Tfc8 15. Tfe1 b5 16. Sd5.

In der entstandenen Stellung hat Weiß ganz bestimmte Pläne. Er möchte viel Raum gewinnen und das Zentrum beherrschen. Heute aber sind schon Wege zum Ausgleich für Schwarz gefunden worden.

11. ... Sf6–g4
12. Le3–d4 Sg4–e5

Jurtajew, der ein leidenschaftlicher Anhänger der Königsindischen Verteidigung ist, hatte diese Stellung mehr als einmal auf dem Brett. In einer Partie gegen Meduna (Frunse 1979) prüfte er 11. ... Lf5, doch nach 12. Dd2 Tc8 13. Lb7: Tc4: 14. Tac1 Lh3 15. Sd5 Sd5: 16. Ld5: Tc1: 17. Tc1: Db8 18. b4 e6 19. Lc6 d5 20. Ld4 Td8 21. Lg7: Kg7: 22. a4 d4 23. b5 ab 24. ab e5 erwies sich der b-Bauer gegenüber dem schwarzen Gegenspiel im Zentrum als stärker.
Anstelle von 12. ... Tc8 war 12. ... Tb8 besser (mit der Idee b7–b5), und nach 13. Tac1 b5 14. cb ab 15. La7 Ta8! 16. Ld4 (nichts bringt Weiß 16. La8: Da8: 17. Ld4 wegen Lh3 ein) 16. ... b4 17. Sd5 Sd5: 18. Ld5: Ld4: 19. Dd4: Tb8 20. Tfd1 hat Weiß nur leichten Stellungsvorteil (Furman – Wasjukow, Moskau 1989).
Auf der Suche nach neuen Wegen fand Schwarz als Erwiderung auf 11. Le3 den Zug 11. ... Sg4.

13. Dd3–d1 Lc8–e6?!

Natürlich nicht 13. ... Sc4: 14. Lg7: Kg7: 15. Dd4+ mit Gewinn. Besser ist 13. ... Tb8 14. Tc1 Le6! 15. Sd5 b5 16. cb Ld5: 17. Ld5: ab 18. Dd2 e6. Im weiteren Verlauf erreichte Schwarz in der Begegnung Tal – Torre (Leningrad 1973) Ausgleich: 19. Lg2 Sc4 20. Dc3 Ld4: 21. Dd4: d5 22. b3 Db6 23. Tfd1 Dd4:.

14. b2–b3

Gut ist auch 14. Lb7: Tb8 15. La6: Tb2: 16. Sd5 Tb8 17. a4, und Weiß besitzt einen Mehrbauern. Schwarz hat jetzt ein gutes Figurenspiel, und Jurtajew ist in seinem Element.

14. ... Ta8–b8
15. Sc3–d5 b7–b5
16. c4×b5 a6×b5?!

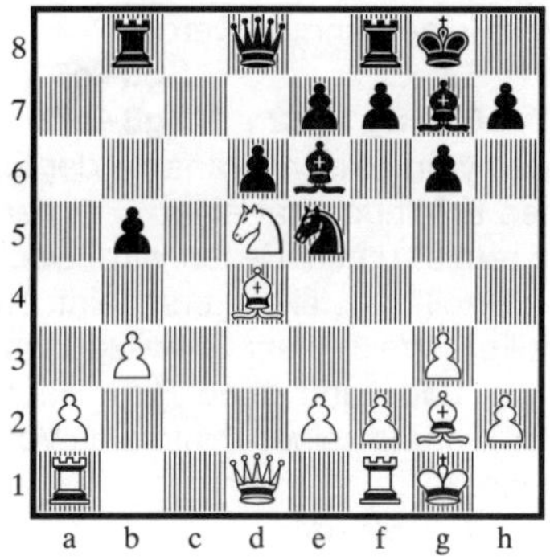

Bedeutend interessanter ist 16. ... Tb5:, und auf 17. Sc3 folgt 17. ... Tb4 mit der Drohung Td4:. Weiß konnte mit 17. Sf4 Lf5 18. Dd2 antworten. Jetzt hüpft sein Springer auf das günstige Feld b4, von wo aus er auf den scharzen Damenflügel „drückt".

17. Sd5–b4 Dd8–a5
18. Dd1–d2 Tf8–c8
19. Ta1–d1 Le6–d7

Schwarz muß den Punkt c6 überdekken, denn es drohte f2–f4.

20. Sb4–d5

Die richtige Strategie. Weiß hat einen Mehrbauern am Damenflügel, und es ist leichter, ihn im Endspiel zu realisieren.

20. ... Da5×d2

Schwarz kann auch seine Dame nicht behalten. Auf 20. ... Da8 geschieht 21. De3 mit starken Drohungen.

21. Td1×d2 Kg8–f8
22. Sd5–b4

Weiß droht 23. Sa6 oder 23. La7, deshalb ist der folgende Zug von Schwarz praktisch erzwungen.

22. ... Se5–c6
23. Ld4×g7+ Kf8×g7

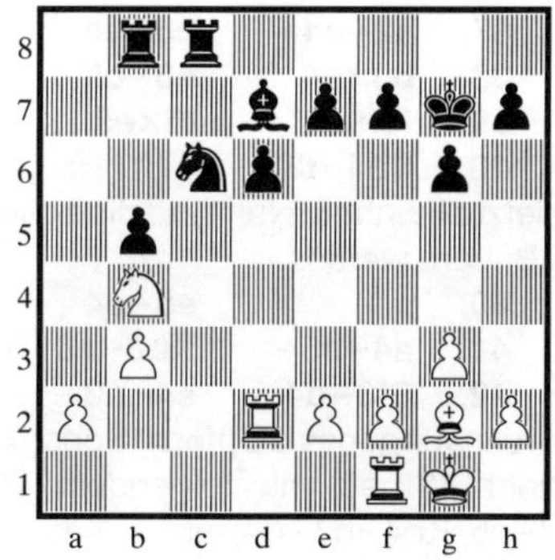

Auf den ersten Blick ist die Stellung praktisch gleich. Doch der folgende, nicht schablonenhafte Zug von Weiß gereicht Asmaiparaschwili zur Ehre.

24. Lg2×c6!

Weiß gibt seinen weitreichenden Läufer her und sein starker Springer auf b4 lähmt die Handlungen von Schwarz.

24. ... Ld7×c6
25. Tf1–c1 Lc6–d7

25. ... Le4 sieht zunächst besser aus, aber das klare 26. Tdd1 würde Schwarz nicht gestatten, die c-Linie zu nutzen.

26. Td2–c2 e7–e6?

Besser war 26. ... g5, um den Aktionsradius des Läufers zu vergrößern.

27. Kg1–f1 Kg7–f6
28. Kf1–e1 d6–d5

Es lohnte nicht, den Bauern auf ein Feld von der Farbe des Läufers zu setzen. Besser war 28. ... Ke7.

29. Tc2×c8 Tb8×c8
30. Tc1×c8 Ld7×c8
31. Ke1–d2 Lc8–d7

Ein aufschlußreiches Endspiel. Weiß schafft sich einen Freibauern durch den Marsch seines Königs nach b4. Das Gegenspiel von Schwarz kommt zu spät.

32. Kd2–c3 Kf6–e5
33. Sb4–c2 Ke5–d6
34. Kc3–b4 Kd6–c6
35. Sc2–d4+ Kc6–b6
36. f2–f4 f7–f6

37. a2–a4 b5×a4
38. b3×a4 e6–e5
39. f4×e5 f6×e5
40. Sd4–f3!

Die letzte Feinheit. Nun sind die schwarzen Bauern wertlos.

40. ... e5–e4
41. a4–a5+ Kb6–a6
42. Sf3–d4 e4–e3

Ein erzwungenes Opfer. Sonst geschieht 43. e3 mit folgendem Plan: Sb3–c5, Kb4–c3–d4–e5.

43. Sd4–c2 Ld7–b5
44. Sc2×e3 Lb5×e2
45. Se3×d5 Ka6–b7
46. Sd5–f6 h7–h5
47. h2–h4

Damit werden die schwarzen Bauern auf weißen Feldern fixiert.

47. ... Kb7–c6
48. Kb4–c3

Schwarz gab auf.

Nach 48. ... Kb5 49. Sd5 würden die Bauern g6 und h5 verlorengehen.

Partie Nr. 31
Andersson – Miles
Tilburg 1981

1. c2–c4 c7–c5
2. g2–g3 g7–g6
3. Lf1–g2 Lf8–g7
4. e2–e3

Diese anspruchslose Zugfolge hat ihren Zweck. Vor dem Springermanöver nach c3 ist es kaum sinnvoll für Schwarz, das System mit e7–e5 zu wählen, weil Weiß dann nach b2–b3 und Lc1–b2 sehr schnell d2–d4 durchsetzen kann.

4. ... e7–e6

Gut ist an dieser Stelle 4. ... Sf6! (Larsen – Tal, Bugojno 1984).

5. Sb1–c3

Jetzt muß der Punkt d5 unbedingt unter Kontrolle genommen werden.

5. ... Sb8–c6
6. Sg1–e2 Sg8–e7

Diese symmetrische Variante der Englischen Eröffnung hat einen Ruf, der mit „tod remis" umschrieben wird. Doch so ein „Urteil" zu fällen, erscheint etwas voreilig. Weiß hat Entwicklungsvorsprung und kann ohne Risiko auf die Vergrößerung seines minimalen Vorteils spielen.

7. d2–d4

Je nach Wunsch können Vereinfachungen vermieden werden, indem Weiß 7. Sf4 oder 7. 0–0 und dann Sf4 zieht. Aber da Andersson eine großartige Endspieltechnik besitzt, strebt er den Abtausch an. Ihm genügt vollkommen, mit einem leichten Plus ins Endspiel überzugehen.

7. ... c5×d4
8. Se2×d4

Ungünstig wäre 8. ed?. Nach 8. ... d5 9. cd Sd5:! 10. Sd5: ed 11. 0–0 0–0 12. Db3 Lg4! übernimmt Schwarz die Initiative (Keene – Buchman, Erebro 1966).

8. ... d7–d5
9. c4×d5 Se7×d5

Möglich ist auch 9. ... Sd4: 10. ed Sd5: 11. 0–0 0–0 (Andersson – Gheorghiu, Moskau 1981), was allerdings Weiß einen kleinen Vorteil gibt.

10. Sc3×d5 Sc6×d4

Etwas mehr vom Spiel hat Weiß auch nach 10. ... ed 11. Da4 Ld7 12. Da3 Sd4: 13. ed De7+ 14. De7:+ Ke7: 15. Ld5: Ld4: 16. 0–0 (Andersson – Matulović, Vrsac 1977).

11. Sd5–c3 Sd4–c6
12. Dd1×d8+ Sc6×d8

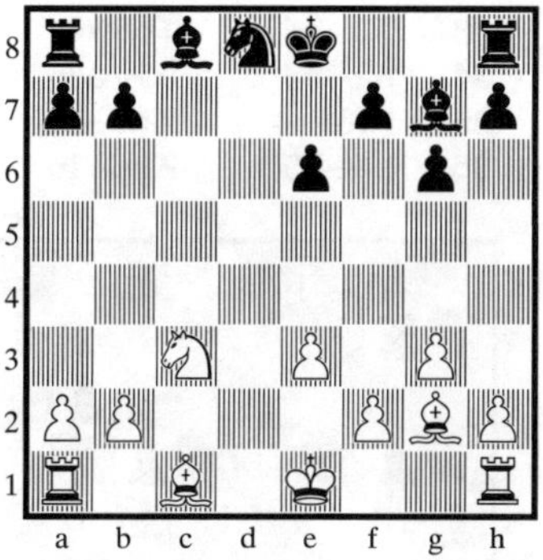

Auf dem Brett herrscht materielles Gleichgewicht bei einer symmetrischen Bauernstruktur. Die Stellung ist ungefähr ausgeglichen, aber nicht remis! In einem komplizierten Endspiel gegen einen starken Gegner das Gleichgewicht zu halten, ist äußerst schwer. Der schwedische Großmeister genießt einen besonderen Ruf als Endspielkünstler. Ihm gelingt es nicht selten zu beweisen, daß Ausgleich und Remis völlig verschiedene Begriffe sind.

13. Lc1–d2 0–0

Schwächer wäre 13. ... Ld7 wegen 14. Se4! Lc6 15. Sd6+ Kd7 16. Lc6:+ Kd6: (16. ... Sc6: 17. Sc4) 17. Lf3 Lb2: 18. Tb1 Lg7 19. Ke2 mit weißem Vorteil. In dieser Variante kann der schwarze König in einen heftigen Angriff geraten. A. Miles entfernt deshalb seine Majestät folgerichtig aus dem Zentrum, weil die Fortsetzung 13. ... Ke7 14. Tc1 Ld7 15. 0–0 Lc6 16. b4 günstig für Weiß ist (Anmerkung von Kovačević).

14. Ta1–c1! Lc8–d7
15. 0–0 Ld7–c6
16. Tc1–c2!

Ein starker Zug. Andersson verlagert das Spiel auf den Damenflügel, was mit dem Tausch des Lc6 und der Überführung des weißen Springers nach c5 verbunden ist. Um den Druck auf die feindliche Stellung zu verstärken, benötigt Weiß in diesem Falle die c-Linie.

16. ... Lc6×g2

Schwarz muß jetzt unbedingt den Springer von d8 wegnehmen, um seine Türme zu koordinieren.

17. Kg1×g2 Sd8–c6
18. Sc3–e4 Tf8–d8

Aufmerksamkeit verdiente das von S. Makarytschew vorgeschlagene 18. ... a5 mit der Idee 19. ... Sb4. Im Falle von 19. a3 könnte 19. ... a4 geschehen, um auf 20. Sd6 mit 20. ... Ta6 21. Sb7: Tb6 fortzusetzen.

19. Ld2–c3 Ta8–c8
20. Lc3×g7 Kg8×g7
21. Tf1–c1 Tc8–b8
22. a2–a3

Durch die Drohung b2–b4, was eine Einengung der schwarzen Stellung am Damenflügel bedeuten würde, nötigt Andersson seinen Gegner, die Bauernstruktur an diesem Brettabschnitt zu schwächen.

22. ... a7–a5

Nichts taugte 22. ... Se5 23. Tc7 Sd3 24. T1c3 Sb2: wegen 25. Sg5.

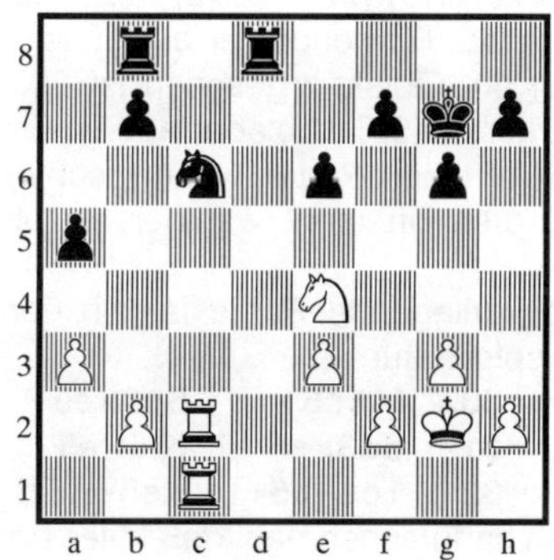

Weiß ergriff die Initiative, aber wie kann sie weiter ausgeweitet werden?

23. Tc2–c3!

Die Stellung hat sich kaum geändert, aber Schwarz hat es bereits sehr schwer.

Der weiße Turm bekam Zugang zum Feld b3, und der Angriff auf den Bauern b7 kann nun zur Realität werden.

23. ... f7–f5

Schwarz muß sich irgendwie erklären.

24. Se4–c5 Td8–d6

Aufmerksamkeit verdiente 24. ... Kf6.

25. Tc3–b3 b7–b5
26. Tb3–d3 Td6×d3
27. Sc5×d3 Tb8–b6
28. f2–f4

Die weiße Initiative ging in einen dauerhaften Stellungsvorteil über, den der Anziehende mit seinem letzten Zug fixierte.

Aber Schwarz hat nur wenige Schwächen und das auf dem Brett verbliebene Material ist sehr gering, so daß die Partie nach wie vor dem Remis näher als dem Sieg von Weiß ist.

28. ... Kg7–f6
29. Kg2–f3?! e6–e5!

Fehlerhaft wäre 29. ... b4 wegen 30. a4 mit nachfolgendem Tc5 oder 29. ... g5 30. e4. Miles lenkt die Partie in ein Turmendspiel. Interessant ist, daß Andersson diesem einen Zug vorher ausweichen konnte, und zwar durch 29. Tc5!, aber er sah das Turmendspiel als günstig für sich an. Objektiv gesehen ist 29. Tc5 stärker als 29. Kf3, aber auf ein Ergebnis in einer Partie wirken subjektive Faktoren oft nicht weniger als objektive.

Die vorliegende Partie ist ein übriges Beispiel dafür.

30. f4×e5+ Sc6×e5+
31. Sd3×e5 Kf6×e5
32. Tc1–c5+ Ke5–d6?!

Man kann annehmen, daß Miles bereits Zeitnot verspürte.

Viel natürlicher sah 32. ... Kf6 aus, was den weißen König der Möglichkeit beraubt hätte, über die Felder f4 und g5 zum gegnerischen Königsflügel zu gelangen.

33. b2–b4 Tb6–b7
34. h2–h4 a5–a4
35. Kf3–f4 Kd6–e6
36. h4–h5 Ke6–f6

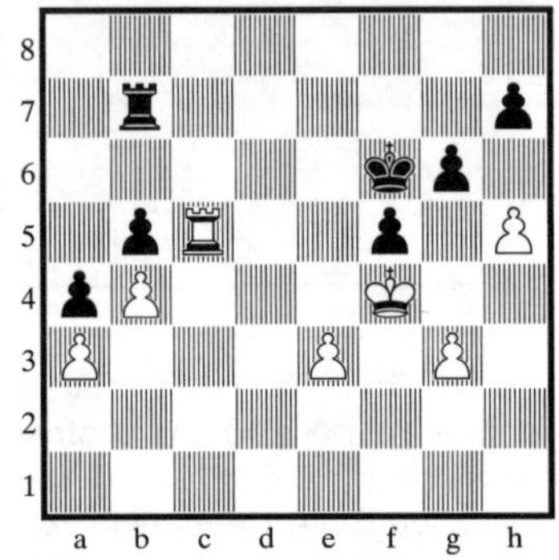

37. Tc5–c6+ Kf6–f7

Kovačević gibt an, daß 37. ... Kg7 der objektiv stärkste Zug war, der den Vorstoß h5–h6 verhindert.

38. Tc6–c5!

Wie Kovačević nachwies, würde Weiß durch 38. h6 nicht gewinnen. Hier ist die vom jugoslawischen Großmeister gezeigte Variante: 38. h6 (38. hg+ hg 39. Kg5 Te7) 38. ... Td7! 39. Tb6 Td3 40. Tb5: (40. Tb7+ Kf6 41. Th7: g5+ 42. Kf3 Kg6) 40. ... Ta3: 41. Ta5 Kf6 42. Ta6+ Kf7 43. b5 Tb3 44. Ta4: Tb5: 45. Kg5 f4+ 46. Kf4: Th5 mit Remis.

38. ... Tb7–d7?
39. Tc5×b5 Td7–d3
40. Tb5–b7+ Kf7–f6

Hoffnungslos ist 40. ... Kg8 41. h6! Ta3: 42. Tg7+ Kh8 43. Te7 Kg8 44. Kg5 mit der Drohung Kf6.

41. Tb7×h7 g6–g5+
42. Kf4–f3 Td3×a3
43. Th7–a7 Ta3–a2
44. Ta7–a6+ Kf6–e5
45. g3–g4

Das weitere ist nicht mehr schwierig.

45. ... f5×g4+
46. Kf3×g4 Ta2–g2+

47. Kg4–h3 Tg2–b2
48. Ta6×a4 Ke5–e4
49. Kh3–g3 Tb2–b1

Auf 49. ... Ke3: würde Weiß so gewinnen: 50. h6 Tb1 51. Ta3+ Ke4 52. Kg4 Tg1+ 53. Tg3 (Kovacević).

50. h5–h6 Tb1–g1+
51. Kg3–f2 Tg1–h1
52. Ta4–a6 Ke4–d5
53. Kf2–g3 Th1–h4
54. Ta6–g6 Kd5–e4
55. b4–b5 Ke4–f5
56. Tg6–c6 Th4–e4
57. Kg3–f2 Te4–e7
58. b5–b6 Te7–b7
59. Kf2–g3

Schwarz gab auf.

Partie Nr. 32
Michaltschischin – Garcia
Havanna 1982

1. Sg1–f3 Sg8–f6
2. c2–c4 c7–c5
3. Sb1–c3 e7–e6

Eines der beliebtesten Abspiele der Englischen Eröffnung. Es kann in Abhängigkeit vom weiteren Spiel beider Seiten zu den verschiedenartigsten Stellungsbildern führen.

4. d2–d4 c5×d4
5. Sf3×d4 Sb8–c6
6. g2–g3

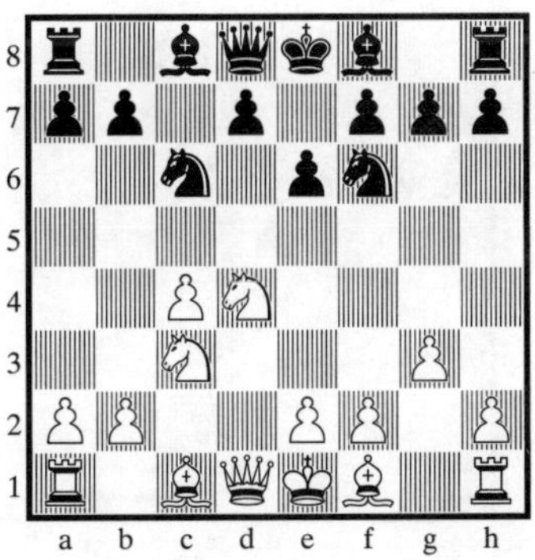

Der mit Abstand beliebteste Zug. Außer ihm sind häufig 6. Lf4 und 6. Sbd5 anzutreffen.

1) 6. Lf4.
Dies war der Hauptzug in der Eröffnungsdiskussion zwischen Kortschnoi und Polugajewski (Kandidatenmatch 1980).
6. ... Lb4
(Eine weitere Untersuchung verdient 6. ... d5 7. cd Sd5: 8. Sc6: bc 9. Ld2 Lb4 10. Dc2 Da5 11. e3 Sc3: 12. Lc3: Lc3:+ 13. Dc3: Dc3:+ 14. bc Tb8 15. 0–0–0 Ke7, und das Spiel steht gleich, Andersson – Timman, Linares 1983)
7. Sdb5 0–0 8. Ld6.
(Nichts erreichte Weiß nach 8. Lc7 De7 9. Ld6)
8. ... Ld6: 9. Sd6: Db6
(Zum Ausgleich genügt auch 9. ... Se8)
10. Dc2 Se8 11. Se8: Te8: 12. e3 Td8 13. Le2 d6 14. 0–0 Ld7 15. Tf4 Le8. Die Partie ist etwa ausgeglichen.

2) 6. Sb5.
Schwarz hat nun zwei gleichwertige Fortsetzungen zur Verfügung: 6. ... Lc5 und 6. ... d5.
Untersuchen wir die erste: 6. ... Lc5 7. Lf4 e5! 8. Le3
(Zu scharfem Spiel führt 8. Lg5 Lf2:+ 9. Kf2: Sg4+ 10. Ke1 Dg5 11. Sc7+ Kd8 12. Sa8: Df4!. Das unklare Spiel führt bei 13. Dd6 Df2+ 14. Kd2 De3+ zu ewigem Schach.)
8. ... Le3: 9. Sd6+ Kf8 10. fe Sg4! 11. Dd2 Dg5!.
Nach 12. e4 Df6 13. e3 Se3: kann sich Weiß nicht zu 14. Sc8 Sd4! entschließen, und nach 14. De3: Dd6: 15. Ld3 h5 16. Sd5 b6 17. Tf1 Sb4 entsteht eine komplizerte Stellung, in der Weiß leichte Kompensation besitzt (Vadas – Rogulj, Karlovac 1979).

6. ... Dd8–b6

Gellers Fortsetzung.

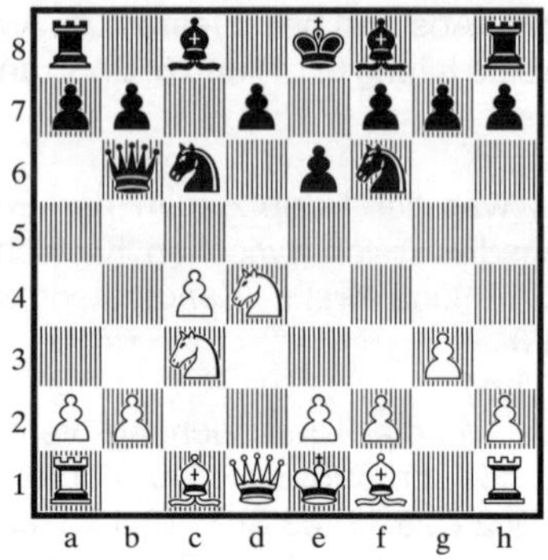

Daneben kommt auch 6. ... Lc5 vor. Andere Züge sind schlechter. 6. ... Lc5 7. Sb3 Lb4 8. Lg2 d5 9. cd Sd5: 10. 0–0. Möglich ist auch 10. Dc2 0–0 11. Ld2 mit weißem Vorteil oder 10. ... Sc3:! 11. bc Le7 12. 0–0 0–0 13. Lf4 e5; 10. Sd4. 10. ... Sc3: 11. Dd8: Sd8: 12. bc Lc3: 13. Tb1 a5 14. Sc5.
Schwarz hat es schwer, seine Entwicklung zu beenden, ohne materielle Verluste zu erleiden. Die Partie Tukmakow – Tal (Jerewan 1980) ging danach so weiter: 14. ... Lb4 15. Sa4 Ta6 16. a3 Ld7 17. ab La4: 18. b5 Td6 19. La3, und Weiß besaß mehr als genügend Kompensation für den geopferten Bauern. Offensichtlich lohnt es sich, anstelle des Bauerngewinns, den Zug 12. ... Le7 zu untersuchen.

7. Sd4–b3 Sc6–e5

Neben 7. ... Se5 spielt Schwarz noch 7. ... Lb4 und 7. ... d5.

8. e2–e4 Lf8–b4
9. Dd1–e2 0–0
10. f2–f4 Se5–c6
11. Lc1–e3

Oft wird 11. e5 Se8 12. Ld2 f6 13. c5 gezogen. Weiß drängt alle schwarzen Figuren auf die letzten Reihen zurück: 13. ... Dc7 14. Sb5 Ld2:+ 15. Dd2: Db8 16. ef Sf6: 17. Lg2 b6 18. Tc1 Lb7 19. 0–0 Se7 20. Lb7: Db7: 21. Dg2 Sfd5 22. Sc3 Tac8 (Ubilawa – Gulko, Wolgodonsk 1981).

11. ... Db6–d8
12. Lf1–g2 b7–b6

Auch 12. ... d5 13. e5 Se4 14. 0–0 Lc3: 15. cd ed 16. bc b6 17. Tac1! war schon anzutreffen, wonach Weiß vorteilhafter dastand (Kortschnoi – Spasski (Belgrad 1977).
Es lohnt sicher, wenn Schwarz mittels 12. ... Lc3:+ dem Gegner die Bauernstruktur zerstört: 13. bc b6 14. e5 Se8 15. c5 Lb7 16. 0–0 Se7 (Gleiserow – Dwoiris, Swerdlowsk 1985).

13. e4–e5!

Das ist besser als 13. Tc1, und in der Begegnung Stean – Spasski, München 1979, folgte danach weiter 13. ... La6 14. 0–0 Lc3: 15. Tc3: d6 16. Sd4 Sd4: 17. Ld4: e5! 18. Lf2 Tac8 19. f5 h6 mit unklarem Spiel.

13. ... Sf6–e8
14. Le3–d2 Lb4×c3
15. Ld2×c3 Lc8–a6
16. Sb3–d2 Ta8–c8
17. 0–0 d7–d5
18. b2–b3

Weiß konnte auch en passant schlagen: 18. ed Sd6: 19. b3 Tfd8 20. Tfd1 Sf5 21. Sf3, und nach dem Tausch der vier Türme hat Weiß ein sehr angenehmes Spiel.

18. ... Dd8–e7

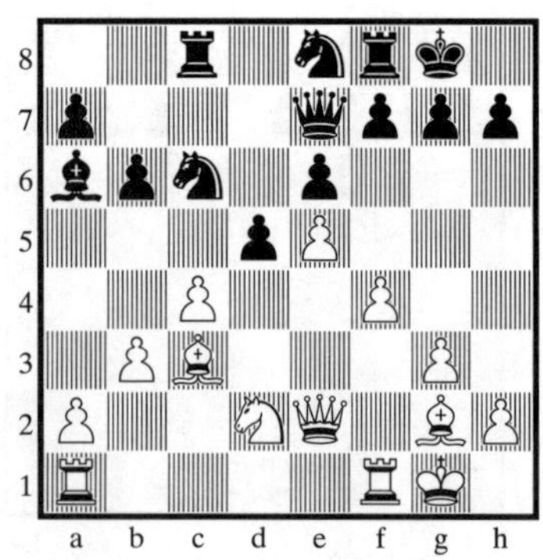

Weiß hat jetzt eine reiche Auswahl an Fortsetzungen; z.B. 19. Tfd1 oder 19. Df2, doch er entscheidet sich für die aggressivste von allen.

19. f4–f5 e6×f5
20. Tf1×f5 d5×c4

Wenn 20. ... Dc5+ 21. Kh1 Sd4, so 22. Ld4: Dd4: 23. Tcf1 dc 24. Se4, und Weiß verfügt über die starke Drohung e5–e6.

21. Sd2–e4

Natürlich nicht 21. bc Sd6.

21. ... Tc8–d8
22. De2–h5 Sc6–d4

Unmöglich ist 22. ... g6 wegen 23. Dh6.

23. Tf5–f4 g7–g6

Das entscheidende Versehen. Schlecht wäre auch 23. ... cb wegen 24. Ld4: Td4: 25. Sg5 h6 26. Td4: hg 27. ab De5: 28. Dd1 mit Gewinn. Die einzige Verteidigungsmöglichkeit von Schwarz bestand in 23. ... h6, obwohl Weiß auch hier nach 24. Te1! Initiative besäße.

24. Dh5–h6 De7×e5
25. Se4–g5 De5–h8

Die schwarze Dame ist überlastet, denn sie muß den Springer und den Punkt h7 verteidigen. Nun gewann am einfachsten 26. Kh1, und gegen die vielfältigen Drohungen von Weiß, in erster Linie Ld4:, gab es keine Rettung. Doch der Anziehende sah eine effektvolle Kombination.

26. Lc3×d4 Td8×d4
27. Sg5–e6

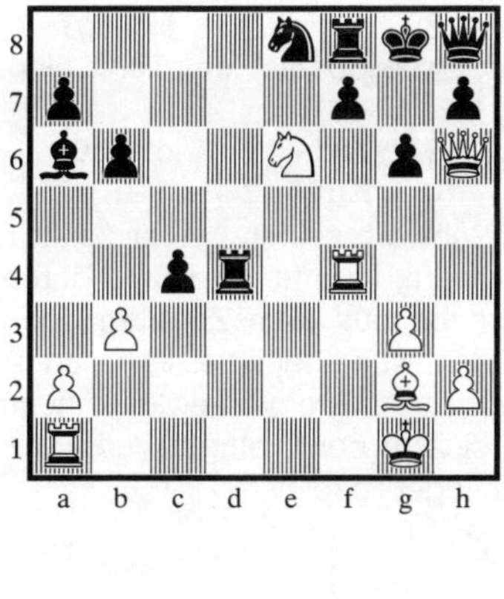

27. ... Se8–g7!

Hätte Schwarz nicht so gezogen, wäre die Partie schon zu Ende.

28. Se6×d4 Sg7–f5!
29. Sd4×f5

Um Ärgeres zu vermeiden, gibt Weiß die Qualität zurück.

29. ... Dh8×a1+
30. Tf4–f1 Da1–e5
31. Dh6–g5?

Weiß will die Partie durch Angriff gewinnen, doch leicht geschah dies durch den Übergang ins Endspiel: 31. De3 De3: 32. Se3: cb 33. Ta1 ba 34. Ta2:.

31. ... De5–c5+
32. Kg1–h1 c4×b3?

Nach 32. ... f6 war das Ergebnis unklar.

33. Sf5–e7+ Kg8–g7
34. Dg5–f6+ Kg7–h6
35. Se7–f5+

Schwarz gab auf.

Partie Nr. 33
Romanischin – Grigorjan
Moskau 1976

1. c2–c4 Sg8–f6
2. Sg1–f3 g7–g6
3. Sb1–c3

Das sogenannte „Anti-Grünfeld"-System hat nicht wenige Anhänger. In beiden Abspielen – 3. ... d5 4. Da4+ oder 4. cd Sd5: 5. Da4+ (und 4. cd Sd5: 5. e4) – sind die Aussichten von Schwarz auf ein aktives Spiel sehr gering. In der Regel muß er sich akkurat verteidigen. Es sei darauf verwiesen, daß die Grünfeld-Liebhaber d7–d5 im dritten Zug spielen müssen, sonst kommt diese Gelegenheit nach 3. ... Lg7 4. e4! nicht mehr wieder.

3. ... d7–d5
4. c4×d5 Sf6×d5
5. e2–e4 Sd5×c3

6. d2×c3!?

In dem Maße aber, wie erfolgreich Schwarz in der Grünfeldindischen Verteidigung war, wurde dieser Variante unvermittelte Aufmerksamkeit zuteil. Einen großen Beitrag zur Behandlung des entstehenden Endspiels leistete der schwedische Großmeister U. Andersson.

6. ... Dd8×d1+

7. Ke1×d1

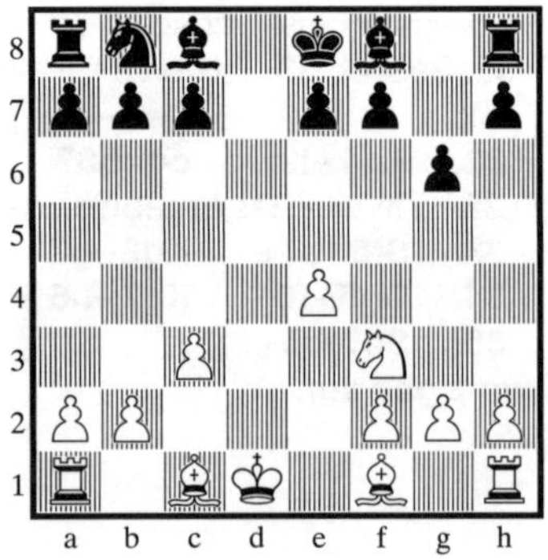

Diese „Eröffnungsstellung" ist schon sehr tief untersucht worden. Aber was rechnet sich Weiß aus, der bestrebt ist, die Stellung zu vereinfachen? Auf den ersten Blick scheint das Spiel absolut gleich zu stehen, aber wenn man sich hineinvertieft, entdeckt man in dem weißen Aufbau einige wesentliche Vorteile. Zunächst ist da der starke Bauer e4. Gelingt es, den Vorstoß e4–e5 durchzusetzen, wird die schwarze Stellung ganz schön eingeengt. Zweitens verheißen die Bauern b2 und c3 dem weißen König einen bequemen Standort, und gleichzeitig wird der gegnerische Läufer neutralisiert, wenn er nach g7 geht. Nicht ausgeschlossen ist auch das Spiel am Damenflügel: b3, a4 usw. Und drittens hat es Weiß bedeutend leichter, seine Figuren gut aufzustellen: Kc2, Lc4, Lf4 (e3), Tad1, Tfe1, e5 usw. – einfach und gut.

Bei Schwarz geht dies alles nicht so glatt. Vor allem kann der Bauer g6 nichts ausrichten: der Läufer hat auf g7 keine Perspektive, und es hat keinen Sinn, ihn dorthin zu entwickeln. Es ist nicht klar, wohin er gehen soll. Am ehesten nach c5, aber dann muß Schwarz noch dazu kommen f7–f6 und e7–e5 zu spielen, und in der Bauernstellung des Königsflügels tauchen Schwächen auf. Wo soll sich der König aufhalten? Im Zentrum stört er die Türme, bei kurzer Rochade nimmt er nicht am Kampf um die d-Linie teil, aber lang zu rochieren, ist auch nicht einfach. Die äußere Ruhe der Stellung täuscht.

7. ... Sb8–d7

Dieser Zug verfolgt den Plan, den Bauern nach e5 zu bringen, und K. Grigorjan weicht im weiteren Verlauf vergebens davon ab. Wird mit diesem Ziel 7. ... f6 gespielt, so könnte darauf 8. h4! folgen, um den schwarzen Königsflügel noch mehr zu schwächen (Raschkowski – Michaltschischin, Moskau 1981). Aber möglicherweise ist es sinnvoll, wieder zum alten Zug Botwinniks 7. ... Lg4!? zurückzukehren. In der Partie Andersson – Michaltschischin, Sarajevo 1985) folgte 8. Kc2 Lf3: 9. gf Sd7 10. Le3 h5 mit kompliziertem Kampf.

8. Lf1–c4

Das ist neben 8. Le3 die beste Fortsetzung.

8. ... Lf8–g7

Die „Enzyklopädie" empfiehlt hier den Zug 8. ... f7–f6.

9. Th1–e1 c7–c6

10. Kd1–c2 0–0

Da Schwarz seinen Läufer zeitig nach g7 stellte, konnte der König durch die Rochade aus dem Zentrum gebracht werden. Nun aber ist es ihm nicht möglich, an den Ereignissen teilzunehmen, die sich in der Brettmitte und am Damenflügel abspielen.

11. Lc1–e3 h7–h6
12. a2–a4 a7–a5
13. e4–e5!

Energisch gespielt. Jetzt droht 14. e6.

13. ... e7–e6
14. Ta1–d1 Tf8–e8
15. Le3–d4 b7–b6
16. Ld4–e3 Lg7–f8

Es scheint, als könne sich Schwarz langsam herauswinden, doch Romanischin findet Wege, die Initiative zu bewahren.

17. Lc4–e2!

Weiß beabsichtigt das Manöver Sf3–d2–e4.

17. ... g6–g5?!

Grigorjan will Aktivität bekunden und nimmt dem weißen Läufer das Feld f4. Aber die schwarze Stellung am Königsflügel wird schwächer. Sicherer war 17. ... Tb8.

18. g2–g4! Lf8–g7
19. h2–h4 Sd7×e5

Auf 19. ... gh würde einfach 20. Lf4 folgen.

20. Sf3×e5 Lg7×e5
21. h4×g5 h6×g5
22. Le2–f3!

Der Druck von Weiß am Damenflügel hat entscheidenden Charakter. Die schwarze Stellung ist nicht mehr zu verteidigen.

22. ... Lc8–b7
23. Le3×g5 Le5–g7
24. Lg5–e3

Schwarz kann den Bauern b6 nicht retten.

24. ... Ta8–a6
25. Lf3–e2 Ta6–a8
26. Le3×b6 c6–c5
27. Le2–b5 Te8–b8
28. Lb6×c5

Nun folgt die schnelle Entscheidung.

28. ... Lb7–f3
29. Td1–d3 Lf3×g4
30. Td3–g3 Lg4–f5+
31. Lb5–d3 Lf5×d3+
32. Kc2×d3 f7–f6
33. Te1×e6 Tb8–e8
34. Te6×f6 Ta8–d8+
35. Lc5–d4 Td8×d4+

Schwarz gab auf.

Partie Nr. 34
Tal – Dontschew
Jerewan 1986

1. Sg1–f3 Sg8–f6
2. c2–c4 g7–g6
3. Sb1–c3 d7–d5
4. Dd1–a4+ Lc8–d7
5. Da4–b3 d5×c4
6. Db3×c4 Lf8–g7
7. g2–g3 0–0
8. Lf1–g2 Dd8–c8

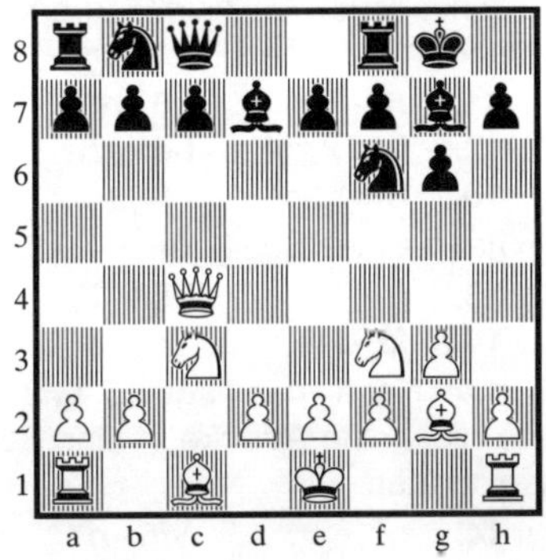

Sicher keine sehr erfolgreiche Neuerung. Vorgekommen an dieser Stelle sind 8. ... Sc6 oder 8. ... Se8.

8. ... Sc6 9. d3 Lg4! 10. Da4 Dd7 11. 0–0 Lf3: 12. ef?! Sd4! 13. Dd1 Tfd8 14. Te1 a5 15. f4 c6 16. Le3 e6 17. Sd4 Dc7 18. Tc1 Sd5! mit der Idee Sb4–d3, Sf3, und Schwarz steht ausgezeichnet (Toschkow – Ghinda, 1985).

Anstelle von 12. ef war 12. Lf3: Sd4 13. Dd7:! Sf3: 14. Kg2 Sh4 15. Kh3 Sd7 16. Kh4: besser, und das Endspiel ist ungefähr ausgeglichen.

Eine interessante Idee verwirklichte Schwarz in der Partie Gawrikow – Zeschkowski, 1986.

8. ... Se8! 9. d4 Sd6 10. Dd3 Sa6 11. 0–0 c5 12. Td1 Tc8 13. e3 b5 14. De2 cd 15. ed Sc7 16. a3 Lg4! 17. d5 Dd7 mit schwarzer Überlegenheit. Anstelle von 17. d5?! mußte Weiß mit 17. Lf4 fortsetzen, und das Spiel wäre unklar gewesen.

9. 0–0 c7–c6

10. Dc4–h4

Aufmerksamkeit verdiente 10. Td1 mit der Idee, den Tausch des weißfeldrigen Läufers später nicht zuzulassen.

10. ... h7–h6?!

Genauer war 10. ... c5 11. d3 oder 11. Se5. In beiden Fällen steht Weiß besser. Das Bemühen von Schwarz, g5 durchzusetzen, erlaubt Weiß ein Figurenopfer mit starkem Angriff als Ergebnis.

11. d2–d3 g6–g5

12. Lc1×g5! h6×g5

13. Sf3×g5

Weiß hat die Idee Sce4 oder e4–e5.

13. ... Lc8–f5

14. f2–f4!

Genau so! Nach 14. e4 Lg6 15. Lh3 Dd8 würde die weiße Attacke in eine Sackgasse geraten.

14. ... Sf6–h7

Auch nach 14. ... Lg6 15. Lh3 e6 16. e4 behielte Weiß Angriff.

15. g3–g4! Sh7×g5

Nach 15. ... Lg6 16. f5 Sg5: 17. Dg5: (nicht aber 17. fg? Lf6 mit der Drohung Sf5) 17. ... Lh7 18. Tf3 Sd7 19. Th3 Sf6 20. Dh4 hat Weiß gefährliches Spiel.

16. g4×f5 Sg5–h7

17. Tf1–f3

Weiß führt den Angriff sehr genau. Schwächer war 17. Lh3 Lf6 18. Dh5 Kh8 oder 17. Se4 Sd7 mit unklarer Stellung.

17. ... Lg7×c3

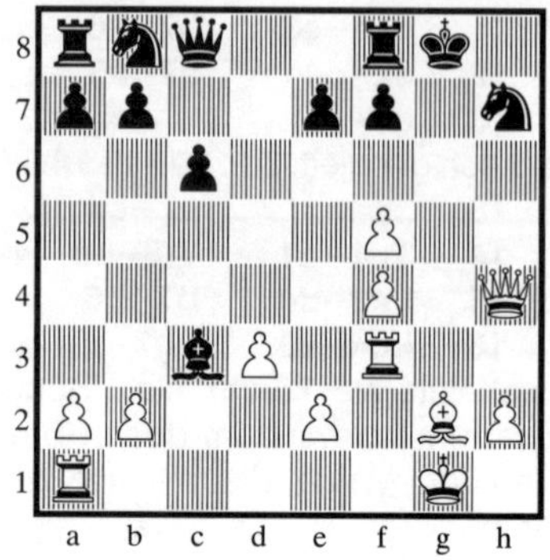

Mehr Probleme hätte Weiß 17. ... Df5: bereitet, obgleich nach 18. Se4 Kh8 19. Th3 Sd7 20. Sg5 Sf6 21. Le4 Dc5 22. Kh1 die Lage von Schwarz ebenfalls verloren ist.

18. Tf3–h3!

Schlechter ist 18. Tg3+ Kh8 19. Th3 Df5: 20. Le4 Lf6! 21. Dh6 Lg7. Jetzt wird Schwarz mattgesetzt.

18. ... Lc3–d4+

19. e2–e3!

Am genauesten. Nicht so exakt wäre 19. Kh1 Td8 20. Dh7 Kf8 21. Tg3 Ke8.

Schwarz gab auf.

Partie Nr. 35

Smyslow – Sunye

Las Palmas 1982

1. c2–c4 Sg8–f6

2. Sb1–c3 e7–e6

3. Sg1–f3 Lf8–b4

Dieses System wird „Anti-Nimzowitsch" genannt.

4. Dd1–c2 0–0

Der Zug 4. Dc2 gilt bis zum heutigen Tag als stärkste Fortsetzung. Erprobt wurden außerdem 4. a3, 4. g3, 4. Db3, doch Weiß erhielt danach keinen Eröffnungsvorteil. Außer 4. ... 0–0 spielt Schwarz häufig 4. ... c5. Die erfolgreichste weiße Fortsetzung darauf ist 5. g3 bzw. 5. a3.

5. g3 Sc6 6. Lg2 0–0 7. 0–0 De7 8. d3. Am besten; möglich ist aber auch 8. e3 d6 9. b3 h6 10. Lb2 Ld7 11. a3 La5 12. d4 cd 13. ed Lc3: 14. Lc3: d5 15. b4 (Ftačnik – Romanischin, Kiew 1978).

8. ... h6 9. a3 La5 10. Tb1 e5 (oder 10. ... a6 11. e3 Tb8 12. d4 d6 13. dc dc 14. Sa4 Td8) 11. e3 Lc3:! 12. Dc3: a5 13. Sh4 d6 14. b3 Td8 15. f4, und die komplizierte Stellung bietet beiden Partnern Chancen.

5. a3 La5 6. g3 Sc6 7. Lg2 0–0 8. 0–0 De7.

Der allgemeine Plan von Weiß besteht hier in einem Bauernsturm am Damenflügel.

9. d3 d6 10. Tb1 h6 11. Sa2 d5 12. b4! Lb6

(gefährlich ist es, den Bauern zu nehmen: 12. ... cb 13. ab Sb4: 14. La3 Sc2: 15. Le7 Te8 16. Lf3: gf 17. Tfc1 Sa3 18. Tb3).

In dieser aktuellen Stellung empfiehlt Bagirow 13. Lb2!?. Weiß kann versuchen, den Druck mittels e3, Sd2 und Sb3 zu verstärken.

5. a2–a3 Lb4×c3

6. Dc2×c3 b7–b6

Der Zug wird von der modernen Theorie als stärkster eingeschätzt. Oft wird 6. ... d6 gespielt, wonach Weiß leichten Vorteil auf zweierlei Art bekommt.

a) 7. g3 e5 8. Lg2 Sc6 9. b4 Lg4 10. Lb2 Te8 11.0–0 d5 12. cd Sd5: 13. Dc5 e4 14. Sd4 Sd4: 15. Dd4: Sf6 16. Tfc1 c6 17. Tac1 (Damljanović – Rohde, Saint John 1988).

b) 7. b4 e5 8. Lb2 Sc6 9. e3 Se4 10. Dc2 f5 11. Le2 a5 12. d3 Sf6 13. b5 Se7 14. c5! b6 15. cd cd 16. Tc1 Lb7 17. 0–0 Tc8 18. Db1 Dd7 19. a4 (Portisch – Larsen, Las Palmas 1976).

Möglich ist auch 6. ... d5, zum Beispiel ging die Partie Eingorn – King (Dortmund 1988) danach so weiter: 7. e3 b6 8. b4 c5 9. Lb2 La6 10. d3 (Aufmerksamkeit verdient 10. b5) Sbd7 11. Le2 Tc8 12. b5 Lb7 13. a4 Se8 14. 0–0 f6 15. Db3 Sd6 16. a5, und Weiß steht überlegen – er hat mehr Raum und das Läuferpaar.

7. e2–e3

Alternativen dazu sind 7. b3, 7. b4 und 7. g3.

7. b3 Lb7 (möglich ist auch das sofortige 7. ... Se4 8. Dc2 f5 9. d3 Sf6, womit Schwarz die Eröffnungsprobleme vereinfacht) 8. Lb2 d6 9. g3 Sbd7 10. Lg2 Se5 11. 0–0 Sf3:+ 12. Lf3: Lf3: 13. Df3: e5 14. Dg2! Schwarz tauschte einen Teil der leichten Figuren ab, doch völligen Ausgleich erreichte er nicht (Kortschnoi – Matanović, Rom 1981).

7. b4 a5! 8. Lb2 ab 9. ab Ta1: 10. La1: De7 11. g3 Sa6! 12. b5 Sc5 13. Lg2 Lb7 14. 0–0 Ta8 15. Dc2 Ta7. Im weiteren Verlauf des Spiels bringt Schwarz seine Dame nach a8, was zu neuen Vereinfachung führt.

7. g3 Lb7 8. Lg2 d5! 9. cd ed! 10. 0–0 Te8 11. Te3! c5 12. d4 Se4 13. Dc2 Sc6 14. dc bc 15. b3 Db6, und Schwarz bekam ein gleichwertiges Spiel (Speelman – Seirawan, Saint John 1988).

7. ... Lc8–b7

8. Lf1–e2 d7–d6

9. b2–b4 Sb8–d7

Stärker ist 9. ... Se4 10. Dc2 Sg5!. Mit dem Standardmanöver vereinfacht Schwarz die Stellung und erhalt Ausgleich, zum Beispiel 11. Lb2 Sd7 12. Dd1 e5 13. d4 Df6 14. d5 (14. de Se5: 15. Se5: de 16. f4? Se4!) Sf3: 15. Lf3: Dg6, und es herrscht Gleichgewicht auf dem Brett.

10. Lc1–b2 Dd8–e7

11. 0–0 e6–e5

12. d2–d3 h7–h6?!

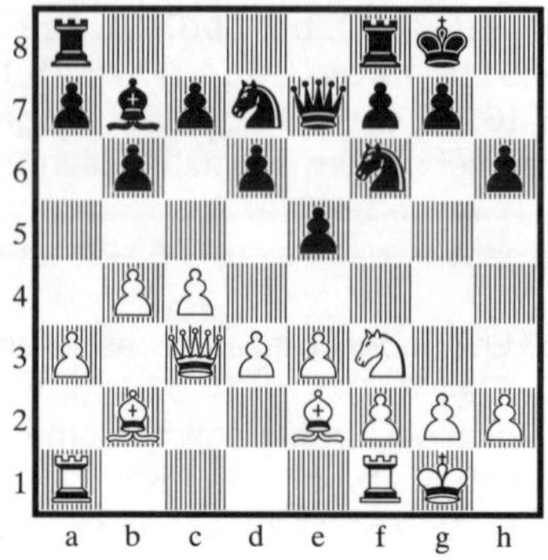

Das ist eine unnötige Schwächung des Königsflügels. Genauer war 12. ... Sg4 13. h3 Sh6 14. d4 e4 mit kompliziertem Spiel (Drasko – Tal, Tallinn 1985).

13. Sf3–h4 d6–d5

Im Falle von 13. ... Se8 14. Sf5 Dg5 (14. ... Dd8 15. f4!) 15. e4 nebst Lc1 besitzt Weiß zweifellos Übergewicht.
Auf 13. ... Sg4? gewinnt 14. Sf5!.

14. c4×d5 Sf6×d5
15. Dc3–c4

Die Diagonalen a1–h8 und a2–g8 sind geöffnet, und auch die Aktivität der weißen Figuren bestimmt den Vorteil des Anziehenden.

15. ... Tf8–d8
16. Le2–f3 c7–c6
17. Sh4–f5 De7–f6
18. Sf5–g3 a7–a5
19. Tf1–c1 Df6–e7
20. Sg3–f5 De7–f6
21. Lf3–e4 Df6–e6

Schwarz hat kein aktives Spiel, und deshalb manövriert er. Jetzt strebt Smyslow günstige Vereinfachungen an.

22. Lc4×d5 De6×f5

Schlechter ist 22. ... cd 23. Dg4 Df6 24. Tc7 mit starkem Angriff von Weiß.

23. Ld5–e4 Df5–f6
24. f2–f4!

Weiß spielt äußerst folgerichtig. Nichts hätte 24. Lc6: Tac8 25. b5 Sb8 eingebracht.

24. ... Df8–e7
25. f4×e5 Sd7×e5
26. Dc4–c3 f7–f6

Schwarz schwächt damit entscheidend die weißen Felder. Stärker geschah 26. ... Te8.

27. Dc3–b3+ Kg8–h8

Nicht spielbar ist 27. ... Df7 28. Df7:+ Kf7: 29. Le5: fe 30. b5, und Weiß besitzt entscheidendes Übergewicht.

28. Lb2×e5 f6×e5
29. Tc1–f1 a5–a4

Ungenügend wäre 29. ... Tf8 30. ba ba 31. Tab1.

30. Db3–f7 De7×f7
31. Tf1×f7 Ta8–b8
32. b4–b5 c6×b5

Der letzte Fehler. Nach 28. ... Tdc8 29. Te7 La8! 30. bc Lc6: 31. Lc6: Tc6: 32. Te5: konnte Schwarz noch hartnäckigen Widerstand leisten. Jetzt geht alles schnell zu Ende.

33. Le4×b7 Td8×d3
34. Lb7–c6 b5–b4
35. a3×b4 b6–b5
36. Ta1–f1 Td3×e3
37. Tf7–f8+ Tb8×f8
38. Tf1×f8+ Kh8–h7
39. Lc6×b5 a4–a3
40. Lb5–c4 Te3–c3
41. Lc4–d5

Schwarz gab auf.

Partie Nr. 36
Speelman – Martin
London 1982

1. Sg1–f3 Sg8–f6
2. c2–c4 g7–g6
3. g2–g3 Lf8–g7
4. Lf1–g2 d7–d6
5. 0–0 0–0
6. b2–b3

Nach 6. d4 würde sich die Königsindische Verteidigung ergeben.

6. ... e7–e5

In dieser Variante der Englischen Eröffnung hat Schwarz zwei Verteidigungssystme zur Verfügung: 6. ... e5 und 6. ... c5.

Nach 6. ... c5 7. Lb2 Sc6 ging die Partie Miles – Gulko (Amsterdam 1988) so weiter: 8. Sc3 Lf5 9. d3 Dd7 10. Te1! Tab8 (Aufmerksamkeit verdient 10. ... Lh3 11. Lh1 Sd4 mit etwa gleichen Chancen) 11. Dd2 Lh3 12. Lh1 Lg4 (nach 12. ... Sd4? 13. Sd4: cd 14. Sb5 steht Weiß besser) 13. Sd5 Sd5: 14. Lg7: Kg7: 15. cd Lf3:! 16. Lf3: Sd4 mit ein wenig größeren Aussichten für Weiß.

7. Lc1–b2 c7–c5
8. Sb1–c3 Sb8–c6
9. d2–d3

Schwarz hat eine starke Festung errichtet, aber als kleine Unzulänglichkeit erweist sich der Punkt d5. In dieser Lage wurde früher 9. ... Le6, 9. ... Se8 und 9. ... Sg4 gespielt.

9. ... h7–h6

In der Partie Gurewitsch – Kouatly (Marseilles 1988) brachte Schwarz die Neuerung 9. ... Tb8, und nach 10. Sd2 Le6 11. Sde4 Sh5 12. e3 f5 13. Sd2 Sf6 14. De2 (14. Sd5!) d5 erhielt er eine aussichtsreiche Stellung. Anstelle von 10. Sd2 war es besser, 10. e3 a6 11. Sd2 zu spielen.

10. e2–e3 Lc8–f5

Besser war es, den Punkt d5 zusätzlich durch 10. ... Le6 zu schützen.

11. h2–h3 Dd8–d7
12. Kg1–h2 Ta8–b8
13. Dd1–d2

Weiß sollte seinen Springer lieber nach d5 ziehen und anschließend Sd2 spielen.

13. ... g6–g5

Noch war es nicht zu spät für 13. ... Le6. Im Falle von 13. ... a6 14. Sd5! verliert 14. ... Sd5: 15. cd Se7 16. e4, weil Weiß eine Figur mehr behält.

14. Ta1–d1 a7–a6
15. d3–d4

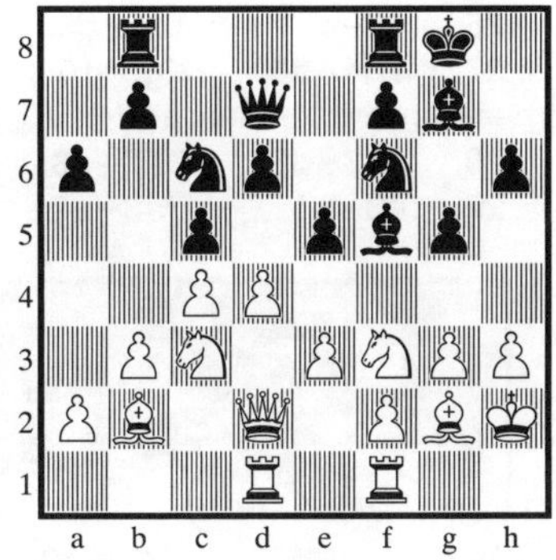

Weiß eröffnet die Schlacht im Zentrum und kommt Schwarz zuvor. Er verhindert b7–b5, was übrigens – auch später – ein Fehler wäre.

15. ... c5×d4
16. e3×d4 e5×d4
17. Sf3×d4! Sc6×d4
18. Dd2×d4 Sf6–g4+

Schwarz gewinnt jetzt zwar die Dame, aber Speelman hat die Stellung genauer eingeschätzt. Für die Dame bekommt Weiß insgesamt nur zwei Leichtfiguren, doch der geschwächte schwarze Königsflügel, das Fehlen des schwarzfeldrigen Läufers und die Schwäche des Bauern d6 gibt Speelman Grund zum Optimismus.

19. h3×g4 Lg7×d4
20. Td1×d4 Lf5–g6

Gefährlich ist 20. ... Lg4: 21. Se4 f5 22. Sd6: mit vielfältigen Drohungen.

21. c4–c5! Tb8–e8
22. Sc3–d5 f7–f6

Aufmerksamkeit verdient 22. ... Te6 23. cd Dd6: 24. Sf6+ Tf6: 25. Td6: Td6: 26. La3 Ld7, und das Spiel steht gleich (geprüft werden sollte auch 23. Tfd1!?).

23. Sd5–e3 Dd7–b5

Nichts hilft 23. ... Te3: 24. fe d5 25. Ld5:+ Kg7 26. Lc4 De7 27. Td6 De3: 28. Td7+, und Schwarz verliert.

24. c5×d6 Db5–e2
25. Lb2–c3 De2×a2
26. d6–d7 Te8–d8
27. Td4–d6 Kg8–h7

Aufmerksamkeit verdiente 27. ... Kg7.

28. Se3–d5 Da2–a3
29. b3–b4 Da3–a4

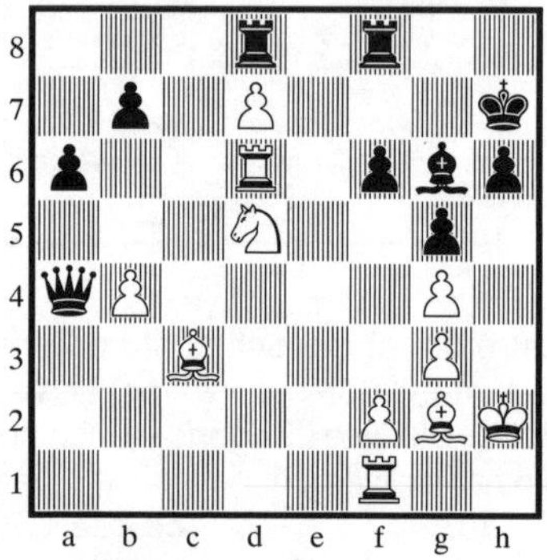

30. Tf1–a1!

Das ist stärker als 30. Te1 Td7: 31. Td7:+ Dd7: 32. Te7+.

30. ... Da4–b5

Auf 31. ... Td7: folgt 32. Tf6:!.

31. Ta1–d1

Auch gut ist 31. Ta5.

31. ... Db5–e2
32. Sd5×f6+ Kh7–h8
33. Td1–e1 De2–c4
34. Lc3–a1

In Zeitnot riskiert Weiß kein forciertes Spiel.

34. ... Dc4–a2
35. Kh2–g1 Da2–c4

Schwarz ist bereits hilflos.

36. Lg2–f3

Damit bereitet Weiß die entscheidende Kombination vor.

36. ... Dc4–b3
37. Kh2–g2 Db3–c4
38. Sg6–e4+ Kh8–h7
39. Se4×g5+ h6×g5
40. Te1–h1+ Kh7–g8
41. Td6×g6+ Kg8–f7
42. Tg6–g7+

Schwarz gab auf.

Nach 42. ... Ke6 43. Te1+ Kd6 44. Le5‡ ist er matt.

Partie Nr. 37
Polugajewski – Seirawan
London 1984

1. d2–d4 Sg8–f6
2. c2–c4 e7–e6
3. Sb1–c3 Lf8–b4
4. g2–g3 c7–c5
5. Sg1–f3 c5×d4
6. Sf3×d4

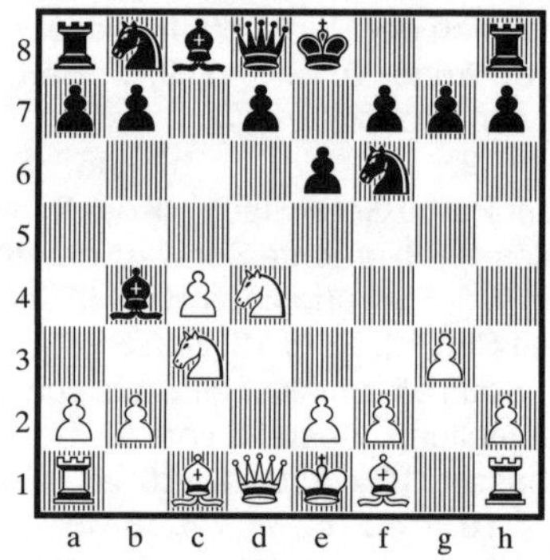

Die Idee von Großmeister Romanischin (4. g2–g3) wurde in Wettbewerben der vergangenen Jahre sehr populär. Es genügt, an die Weltmeisterschaftskämpfe zwischen Karpow und Kasparow in den Jahren 1985 und 1986 zu erinnern.
Zum Beispiel folgte in der 4. Partie des WM-Matchs 1986 6. ... 0–0 7. Lg2 d5 8. Db3 Lc3: 9. bc3: Sc6 10. cd5: Sa5 11. Dc2 Sd5: 12. Dd3 Ld7 13. c4 Se7 14. 0–0! Tc8 15. Sb3 Sc4 16. Lb7: Tc7 17. La6!, und Weiß münzte seinen Vorteil sehr überzeugend in einen Sieg um.

Die Fortsetzung 6. ... 0–0 ist eine der Hauptvarianten, und die Stellung in der eben erwähnten Begegnung, die sich nach 7. Lg2 d5 8. Db3 Lc3:+ 9. bc ergibt, ist recht häufig vorgekommen.
Das von Karpow gewählte Manöver 9. ... Sc6! hätte Schwarz ein gutes Spiel gebracht, wenn danach 12. ... Dc7! und weiter 13. 0–0 Ld7 14. e4 Sb6 15. f4 Tc8 gefolgt wäre (Eine Empfehlung Kasparows mit der Idee Tfd8 nebst Sa4). Andererseits würde 15. ... e5 16. fe Sc4 17. g4 Se5: 18. Dg3 Sc4 19. Lf4 Dc5 20. Te1 Weiß die Möglichkeit geben, das Spiel zu verschärfen, ungeachtet der Bauernschwächen (Kasparow – Suba, 1986).

6. ... Dd8–c7

In der Turnierpraxis der letzten Zeit ist diese Fortsetzung selten anzutreffen.
Die Partie Vera – Csom, 1981, ging danach so weiter: 7. Lg2 a6 8. 0–0 Lc3: 9. bc 0–0 10. La3 d6 11. Dd3 Sd7 12. Sd3 Sc5 13. Sc5: dc 14. Td1 Da5 15. Lc1 Ld7 16. Lg5!, und Weiß besaß Vorteil. In dieser Begegnung handelt der Anziehende noch energischer.

7. Dd1–d3 Sb8–c6
8. Sd4–b5! Dc7–b8
9. Lc1–f4 Sc6–e5
10. Dd3–d4

Die Lage von Schwarz ist schon sehr kompliziert.

10. ... d7–d6

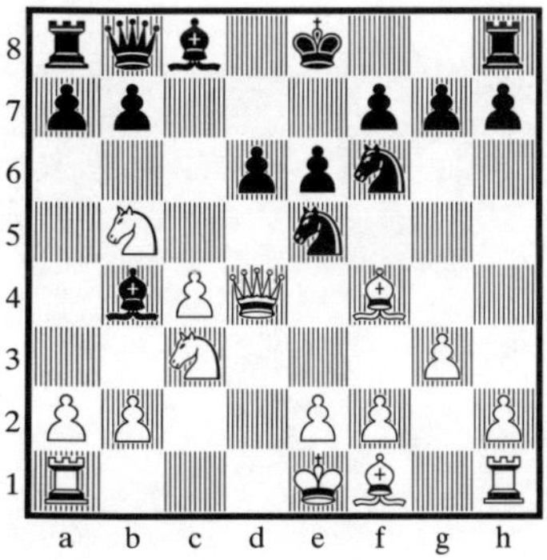

11. Sb5×d6+!

Nur so behauptet Weiß seine Überlegenheit. Verlockend sieht 11. 0–0–0 aus, aber nach 11. ... 0–0 12. Sd6: Sc6 konnte sich das Spiel zuspitzen, zum Beispiel 13. Dd2 e5 und Tfd8.
Auch 11. a3 Lc5 12. Le5: Ld4: 13. Ld6: Lc3:+ 14. bc Dd6: 15. Sd6:+ Ke7 16. c5 b6 bringt Weiß keinen Vorteil.

11. ... Lb4×d6
12. 0–0–0 Se5×c4

Die Fortsetzungen 12. ... Lc7 13. Le5: Le5: 14. Dd8 matt oder 12. ... Ke7 13. Sb5 sind eindeutig hoffnungslos, aber Schwarz sollte 12. ... Ld7 versuchen: 13. Dd6: Dd6: 14. Td6: Lc6 15. f3 Sc4: 16. Td4 Sb6 17. e4, obwohl Weiß auch hier ernsthaftes Übergewicht besitzt.

13. Dd4×c4 Ld6×f4+
14. g3×f4 0–0
15. Th1–g1 Sf6–d5
16. e2–e3! Sd5×c3
17. Dc4×c3 g7–g6
18. h2–h4 b7–b5

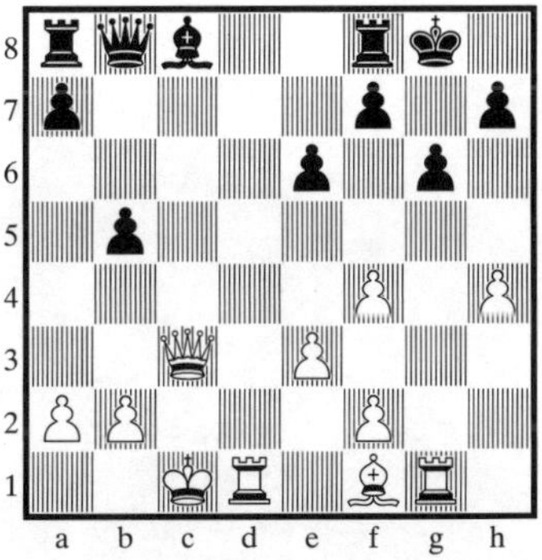

Der weiße Angriff läuft von allein. Unbefriedigend für Schwarz wäre 18. ... Ld7 19. Td7: Tc8 20. Lc4 b5 21. Td4.

19. h4–h5 Lc8–b7
20. Dc3–f6 Lb7–e4
21. Lf1–d3 Db8–c7+
22. Kc1–b1 Le4×d3+
23. Td1×d3 Tf8–c8

24.	**Td3–d2**	**Dc7–c5**
25.	**h5×g6**	**h7×g6**
26.	**e3–e4**	

Weiß läßt die schwarze Dame nicht auf das Feld f5.

26.	**...**	**Dc5–f8**
27.	**f4–f5**	

Die Partie ist für Schwarz verloren.

27.	**...**	**e6×f5**
28.	**e4×f5**	**Df8–g7**
29.	**Df6–d6**	**g6–g5**
30.	**f2–f4**	**g5–g4**
31.	**Td2–g2**	**Tc8–d8**
32.	**Tg2×g4**	**Td8×d6**
33.	**Tg4×g7+**	**Kg8–h8**
34.	**Tg7×f7**	

Es droht 35. f5–f6 und Tg1–h1+.

34.	**...**	**Td6–h6**
35.	**Tf7–b7**	**a7–a6**
36.	**a2–a3**	**Ta8–f8**
37.	**Tg1–g6!**	**Th6×g6**
38.	**f5×g6**	**Tf8×f4**
39.	**Tb7–b6**	**Tf4–a4**
40.	**Kb1–c2**	**Kh8–g7**
41.	**Kc2–d3**	**Kg7–h6**
42.	**Kd3–c3**	**Kh6–g7**
43.	**Tb6–d6**	**Ta4–c4+**
44.	**Kc3–d3**	

Schwarz gab wegen folgender Variante auf: 44. ... Ta4 45. Td4 Ta5 46. Kc3 Kg6: 47. Kb4 Ta4+ 48. Kc5 mit leichtem Gewinn für Weiß.